Junior NKIERE MAKOLONI

Curso de técnicas de informação e comunicação 4º ano

Junior NKIERE MAKOLONI

Curso de técnicas de informação e comunicação 4º ano

Humanidades científicas

ScienciaScripts

Imprint

Cover image: www.ingimage.com

This book is a translation from the original published under ISBN 978-3-639-62157-0.

Publisher:
Sciencia Scripts
is a trademark of
Dodo Books Indian Ocean Ltd. and OmniScriptum S.R.L publishing group

120 High Road, East Finchley, London, N2 9ED, United Kingdom
Str. Armeneasca 28/1, office 1, Chisinau MD-2012, Republic of Moldova, Europe
Managing Directors: Ieva Konstantinova, Victoria Ursu
info@omniscriptum.com

Printed at: see last page
ISBN: 978-620-8-51717-5

Conteúdo

RESUMO

O nosso objetivo ao escrever este livro para alunos do quarto ano de Humanidades é apoiar o currículo nacional para esta opção, que é rica em Tecnologias de Informação e Comunicação (TIC). Neste livro, desenvolvemos conceitos relacionados com redes de computadores, redes sociais, sistemas cliente-servidor, inteligência artificial e outros conceitos baseados em diferentes algoritmos. Utilizámos como base para o livro o currículo nacional para o ano de 2021.

É também de salientar que este livro foi escrito com muita coragem e amor, a fim de elevar o nível de conhecimentos dos nossos estudantes de opção científica e de elevar o nível dos nossos professores de TIC que não foram capazes de abordar os seus estudos de informática até ao nível de licenciatura.

CAPÍTULO I

REDES INFORMÁTICAS

1.1. INFORMAÇÕES GERAIS SOBRE REDES INFORMÁTICAS

I.1.1.DEFINIÇÃO

Uma rede informática é um conjunto de equipamentos ligados entre si para trocar informações.

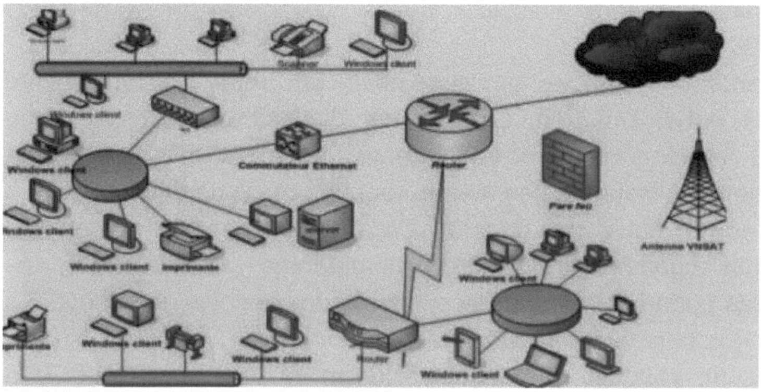

I.1.2.EQUIPAMENTO DE REDE

Os equipamentos de rede mais utilizados são os seguintes

- Centro

. Mudar

- Router
- Ponte
- Porta de entrada

. Modem

- Repetidor

. Ponto de acesso

HUB

Os concentradores ligam vários equipamentos de rede informática. Um concentrador também actua como um repetidor, amplificando os sinais que se deterioram após percorrerem longas distâncias nos cabos de ligação. O concentrador é o mais simples da família de dispositivos de ligação de rede, uma vez que liga componentes LAN com protocolos idênticos.

Um concentrador pode trabalhar tanto com dados digitais como analógicos, desde que os seus parâmetros sejam configurados de forma a preparar os dados de entrada para a formatação. Se, por exemplo, os dados de entrada estiverem em formato digital, o concentrador deve transmiti-los como pacotes; mas se os dados de entrada forem analógicos, o concentrador transmite-os como um sinal.

Os hubs não efectuam funções de filtragem ou endereçamento de pacotes; limitam-se a enviar pacotes de dados a todos os dispositivos ligados. Os concentradores funcionam no nível físico do modelo OSI (Open Systems Interconnection). Existem dois tipos de concentradores: de porta única e de porta múltipla.

COMUTADOR

Os comutadores desempenham geralmente um papel mais inteligente do que os hubs. Um comutador é um dispositivo multiportas que melhora a eficiência da rede. O comutador gere informações de encaminhamento limitadas nos nós da rede interna e permite ligações a sistemas como hubs ou routers. Os troncos da rede local são normalmente ligados através de comutadores. Normalmente, os comutadores podem ler os endereços físicos dos pacotes que chegam e encaminhá-los para o destino adequado.

A utilização de switches melhora a eficiência da rede em comparação com hubs ou routers, devido à sua capacidade de criar circuitos virtuais. Os switches também melhoram a segurança da rede, pois os circuitos virtuais são mais difíceis de examinar com monitores de rede. Pode-se pensar em um switch como um dispositivo que possui uma combinação de algumas das capacidades mais interessantes de roteadores e hubs. Um switch pode operar tanto na camada de enlace de dados quanto na camada de rede do modelo OSI. Um comutador multicamada é um comutador que pode funcionar em ambas as camadas, o que significa que pode ser utilizado como comutador e como router. Um switch multicamada é um dispositivo de alto desempenho que suporta os mesmos protocolos de roteamento que os roteadores.

Os switches são susceptíveis a ataques DDoS (Distributed Denial of Service); os sistemas de prevenção de ataques de saturação são utilizados para impedir que o tráfego malicioso pare o switch. A segurança da porta do comutador é importante, por isso certifique-se de que protege os seus comutadores: desactive todas as portas não utilizadas e utilize DHCP snooping, inspeção ARP e filtragem de endereços MAC.

ROUTER

Os routers ajudam a transmitir pacotes para os seus destinos, traçando um caminho através do oceano de equipamento de rede interligado, utilizando diferentes topologias de rede. Os routers são dispositivos inteligentes que armazenam informações sobre as redes às quais estão ligados. A maioria dos routers pode ser configurada para funcionar como firewalls de filtragem de pacotes e utilizar listas de controlo de acesso (ACLs). Os routers, em conjunto com uma Unidade de Serviço de Canal/Unidade de Serviço de Dados (CSU/DSU), são também utilizados para traduzir a rasterização LAN em rasterização WAN. Isto é necessário porque as redes locais (LANs) e as redes de área alargada (WANs) utilizam protocolos diferentes. Estes routers são designados por routers de fronteira. Fornecem a ligação externa de uma rede local a uma rede de área alargada e funcionam na fronteira da sua rede.

Os routers também são utilizados para dividir as redes internas em duas ou mais sub-redes. Também é possível ligar routers internos a outros routers, para criar áreas que funcionam independentemente umas das outras. Os routers estabelecem a comunicação gerindo tabelas de destinos e ligações locais. Um encaminhador contém informações sobre os sistemas que lhe estão ligados e sobre o destino dos pedidos a enviar, caso este não seja conhecido. Os encaminhadores comunicam geralmente informações de encaminhamento e outras informações utilizando um de três protocolos normalizados: RIP (Routing Information Protocol), BGP (Border Gateway Protocol) ou OSPF (Shortest Path First Open).

Os routers são a primeira linha de defesa e devem ser configurados de modo a que apenas o tráfego autorizado pelos administradores da rede seja transmitido. Os próprios encaminhamentos podem ser configurados como estáticos ou dinâmicos. Se forem estáticos, só podem ser configurados manualmente e permanecem assim até serem alterados. Se forem dinâmicos, os routers aprendem sobre os outros routers no seu ambiente e utilizam informações sobre eles para construir as suas tabelas de encaminhamento.

Os routers são dispositivos universais que interligam duas ou mais redes heterogéneas. São geralmente dedicados a computadores especializados e têm interfaces de rede de entrada e saída separadas para cada rede ligada. Uma vez que os encaminhadores e os gateways constituem a espinha dorsal de grandes redes informáticas, como a Internet, têm caraterísticas especiais que lhes conferem a flexibilidade e a capacidade de se adaptarem a diferentes sistemas de endereçamento de rede e tamanhos de fotogramas, segmentando grandes pacotes em pacotes mais pequenos, adaptados aos novos componentes da rede. Cada interface do encaminhador tem o seu próprio protocolo de resolução de endereços (ARP), o seu próprio endereço LAN (endereço da placa de rede) e o seu próprio endereço IP (protocolo Internet). O router, graças a uma tabela de encaminhamento, conhece as rotas que um pacote pode seguir desde a sua origem até ao seu destino. A tabela de encaminhamento, tal como a ponte e o comutador, desenvolve-se dinamicamente. Ao receber um pacote, o router retira o cabeçalho e o *trailer,* depois analisa o cabeçalho IP, determinando os endereços de origem e de destino e o tipo de dados, e regista a hora de receção. Também actualiza a tabela de encaminhamento com novos endereços que ainda não estejam lá. O cabeçalho IP e a informação sobre o tempo de chegada são introduzidos na tabela de encaminhamento. Os encaminhadores funcionam normalmente no nível de rede do modelo OSI.

PONTE

As pontes são utilizadas para ligar dois ou mais anfitriões ou segmentos de rede. O papel fundamental das pontes na arquitetura de rede é armazenar e transferir fotogramas entre os diferentes segmentos que ligam. Utilizam os endereços MAC (controlo de acesso ao meio) dos equipamentos para transferir os fotogramas. Examinando o endereço MAC dos dispositivos ligados a cada segmento, as pontes podem transmitir dados ou impedir a sua passagem. As pontes também podem ser utilizadas para ligar duas LANs físicas numa LAN lógica maior.

As pontes só funcionam nas camadas Física e de Ligação de Dados do modelo OSI. As pontes são utilizadas para dividir grandes redes em secções mais pequenas, colocando-se entre dois segmentos físicos de rede e gerindo o fluxo de dados entre os dois.

As pontes são semelhantes aos hubs em muitos aspectos, incluindo o facto de ligarem componentes LAN com protocolos idênticos. No entanto, as pontes filtram os pacotes de dados de entrada, denominados frames, de acordo com os seus endereços antes de os transmitirem. Enquanto filtram os pacotes de dados, as pontes não alteram o formato ou o conteúdo dos dados recebidos. As pontes filtram e transferem quadros na rede usando uma tabela de pontes dinâmica. Esta tabela de pontes, que inicialmente está vazia, gere os endereços LAN de cada computador na rede local e os endereços de cada interface de ponte que liga a rede local a outras redes locais. As pontes, tal como os hubs, podem ser de porta única ou de porta múltipla.

As pontes caíram em desuso nos últimos anos e foram substituídas por switches, que oferecem mais funcionalidades. De facto, os comutadores são por vezes chamados "pontes multiportas" devido à forma como funcionam.

GATEWAY

As gateways funcionam geralmente nos níveis de transporte e de sessão do modelo OSI. Na camada de transporte e acima, são utilizados vários protocolos e normas de diferentes fornecedores; as gateways são utilizadas para os gerir. As gateways asseguram a tradução entre tecnologias de rede como a Interligação de Sistemas Abertos (OSI) e o TCP/IP (Transmission Control Protocol/Internet Protocol). Assim, as gateways ligam duas ou mais redes autónomas, cada uma com os seus próprios algoritmos de encaminhamento, protocolos, topologia, serviço de nomes de domínio, procedimentos e políticas de administração de rede.

As gateways desempenham todas as funções dos routers e muito mais. De facto, um router com funcionalidade de tradução adicional é um gateway. A função que traduz entre diferentes tecnologias de rede é designada por conversor de protocolo.

MODEM

Os modems (moduladores-demoduladores) são utilizados para transmitir sinais digitais através de linhas telefónicas analógicas. Os sinais digitais são, por conseguinte, convertidos pelo modem em sinais analógicos de diferentes frequências e transmitidos a outro modem na extremidade recetora. O modem recetor efectua a transformação inversa e fornece uma saída digital ao dispositivo a ele ligado, normalmente um computador. Os dados digitais são normalmente transferidos de/para o modem através de uma ligação em série e de uma interface RS-232 normalizada. Muitas companhias telefónicas oferecem serviços DSL e muitos operadores de cabo utilizam modems como terminais finais para identificação e reconhecimento de utilizadores individuais. Os modems funcionam nos níveis físico e de ligação de dados.

REPETIDOR

Um repetidor é um dispositivo eletrónico que amplifica o sinal que transporta. Pode pensar-se num repetidor como um dispositivo que transporta um sinal e o retransmite a um nível ou potência superior, para que possa cobrir distâncias maiores, mais de 100 metros para cabos LAN normais. Os repetidores funcionam no nível físico.

PONTO DE ACESSO

Embora um ponto de acesso possa tecnicamente incluir uma ligação com ou sem fios, é geralmente um dispositivo sem fios. Um ponto de acesso funciona no segundo nível OSI, o nível de ligação de dados, e pode funcionar como uma ponte que liga uma rede por cabo normal a dispositivos sem fios ou como um router que transmite dados de um ponto de acesso para outro.

Os pontos de acesso sem fios (WAPs) consistem num transmissor e num recetor, que são utilizados para criar uma rede local sem fios (WLAN). Os pontos de acesso são geralmente peças separadas de equipamento de rede com uma antena, um transmissor e um adaptador integrados. Os pontos de acesso utilizam o modo de rede de infraestrutura sem fios para fornecer um ponto de ligação entre redes locais sem fios (WLANs) e uma rede local Ethernet com fios. Também têm várias portas, o que permite alargar a rede para suportar clientes adicionais. Dependendo do tamanho da rede, podem ser necessários um ou mais pontos de acesso para garantir uma cobertura completa. Os APs adicionais permitem o acesso a mais clientes sem fios e alargam o alcance da rede sem fios. Cada ponto de acesso está limitado pelo seu alcance de transmissão: a distância a que um cliente pode estar do ponto de acesso e ainda assim obter um sinal utilizável e velocidade de processamento de dados. A distância efectiva depende da norma sem fios, dos obstáculos e das condições ambientais entre o cliente e o ponto de acesso. Os pontos de acesso topo de gama estão equipados com antenas de alta potência, o que lhes permite alargar o alcance do sinal sem fios.

Os pontos de acesso também podem fornecer um grande número de portas para aumentar o tamanho da rede, a capacidade da firewall e o serviço DHCP (Dynamic Host Configuration Protocol). Assim, temos pontos de acesso que são simultaneamente um switch, um servidor DHCP, um router e uma firewall.

Para se ligar a um ponto de acesso sem fios, é necessário um SSID (Service Set Identifier). As redes sem fios 802.11 utilizam o SSID para identificar todos os sistemas pertencentes à mesma rede e as estações de trabalho clientes têm de ser configuradas com o SSID para serem autenticadas pelo ponto de acesso. O ponto de acesso pode difundir o SSID, o que permite que todos os clientes sem fios na área vejam o seu SSID. No entanto, por razões de segurança, os pontos de acesso podem ser configurados para não difundir o SSID, o que significa que um administrador tem de fornecer o SSID aos sistemas clientes em vez de permitir que este seja descoberto automaticamente. Os dispositivos sem fios são fornecidos com SSIDs predefinidos, definições de segurança predefinidas, canais predefinidos, palavras-passe predefinidas e nomes de utilizador predefinidos. Por razões de segurança, recomenda-se vivamente que altere estas definições o mais rapidamente possível, uma vez que muitos sítios Web listam as predefinições dos fabricantes.

Os pontos de acesso podem ser "ligeiros" ou "pesados". Pesados

Os pontos de acesso pesados, também conhecidos como pontos de acesso autónomos, devem ser

configurados manualmente com parâmetros de rede e de segurança; Depois, funcionam em grande parte por si próprios e servem os clientes até deixarem de poder funcionar. Os pontos de acesso ligeiros

podem ser configurados remotamente através de um controlador. Como os thin clients não precisam de ser configurados manualmente, podem ser facilmente reconfigurados e monitorizados. Os pontos de acesso podem ser dependentes de um controlador ou autónomos.

NB: Um bom conhecimento dos tipos de equipamento de rede disponíveis permitir-lhe-á conceber e construir uma rede segura e bem adaptada à sua organização. No entanto, para garantir que a sua rede se mantém sempre segura e disponível, é necessário vigiar de perto o seu equipamento de rede e as actividades que o afectam, de modo a detetar rapidamente problemas de hardware ou de configuração e ataques.

1.1.3. FUNÇÕES DAS REDES INFORMÁTICAS

A função da rede informática é, antes de mais, servir de plataforma de partilha de dados e de recursos informáticos entre todos os membros de uma empresa. Uma função que pode parecer básica hoje em dia, mas sem a qual seria impossível funcionar de forma óptima.

Ao contrário de dois computadores ligados por um cabo, as redes modernas são cada vez mais complexas. A partir de um determinado número de utilizadores, é utilizado um servidor como ponto central para distribuir recursos a todos os computadores do local. Trata-se de uma configuração cliente/servidor. Para além da partilha de dados e recursos, é agora utilizado para facilitar a gestão, o backup e o armazenamento, bem como para definir os vários direitos de segurança.

A necessidade de uma rede que funcione bem significa que os especialistas neste domínio são de importância vital para empresas de todas as dimensões. É por isso que são sempre tão procurados no mercado de trabalho.

1.1.4. TIPOS DE REDES

Para classificar as redes informáticas, é necessário definir claramente um critério de classificação. Nesta secção, vamos classificá-las de acordo com a sua dimensão. O diagrama abaixo ilustra a classificação das redes informáticas em função da sua dimensão.

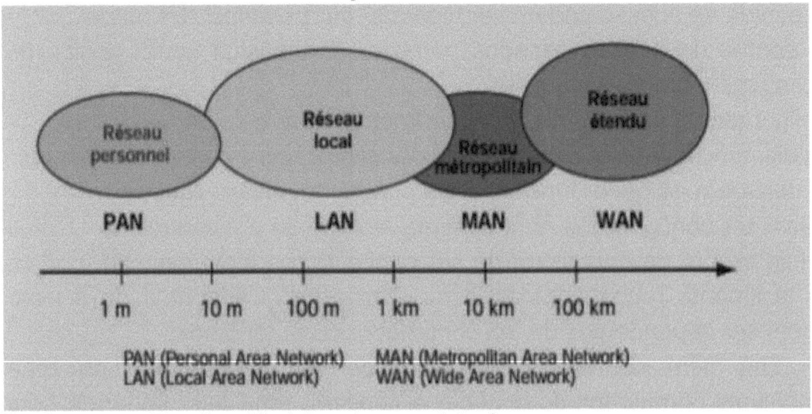

Podemos então classificá-los da seguinte forma:

- **A PAN** (Personale Area Network) designa a rede muito pequena, de alguma dimensão, utilizada para interligar máquinas pessoais, nomeadamente computadores portáteis, telemóveis, telefones...
- **As LAN** (Local Area Networks) são redes adaptadas à dimensão de um local, com os dois pontos mais afastados a não mais de 1 km de distância. São por vezes designadas por redes locais de empresas.
- **A MAN** (Metropolitan Area Network) é a interligação de redes locais. É também frequentemente designada por rede regional. A dimensão (distância máxima) é geralmente da ordem dos 10 km;
- **A WAN** (Wade Area Network) refere-se a distâncias de várias centenas ou milhares de quilómetros que ligam equipamentos informáticos através de um país, um continente ou um planeta inteiro.

1.1.5. TOPOLOGIAS DE REDE

A topologia refere-se à fapon cujo equipamento de rede está interligado através dos meios de comunicação e à fapon cuja informação circula na rede.

Distinguem-se duas topologias:

- **Topologia física**: Como é que o equipamento está fisicamente interligado?
- **Topologia lógica**: como é que os dados passam através dos meios de comunicação? Topologia física Podem ser identificadas várias

topologias físicas:

I. TOPOLOGIA FÍSICA

A. TOPOLOGIA DO NEGÓCIO

A topologia de barramento é a forma mais simples de organizar uma rede. Nesta topologia, todos os computadores estão ligados à mesma linha de transmissão através de um cabo, normalmente coaxial. A palavra "bus" refere-se à linha física que liga as máquinas na rede. Esta topologia pode ser ilustrada como mostra o diagrama abaixo.

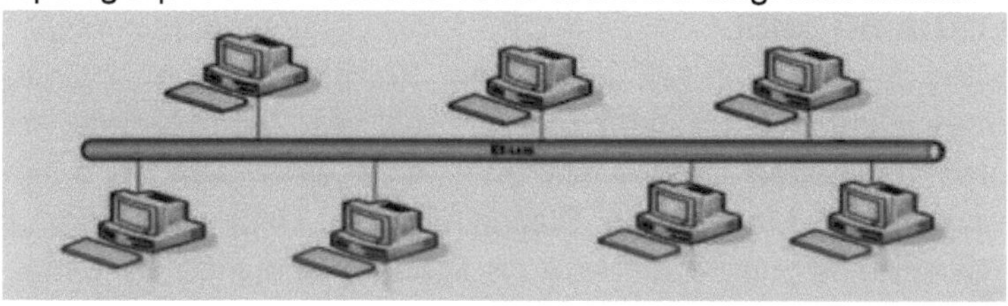

A vantagem desta topologia é o facto de ser fácil de implementar e simples de operar. Por outro lado, é extremamente vulnerável, uma vez que se uma das ligações estiver defeituosa, toda a rede é afetada.

B. TOPOLOGIA DAS ESTRELAS

Nesta topologia, os computadores e outros equipamentos de rede são ligados a um sistema de hardware central chamado quadro de distribuição. Trata-se de uma caixa que contém uma série de junções às quais é possível ligar os cabos de rede provenientes dos computadores. O seu papel é assegurar a comunicação entre as várias junções. Esta topologia pode ser ilustrada como na figura abaixo.

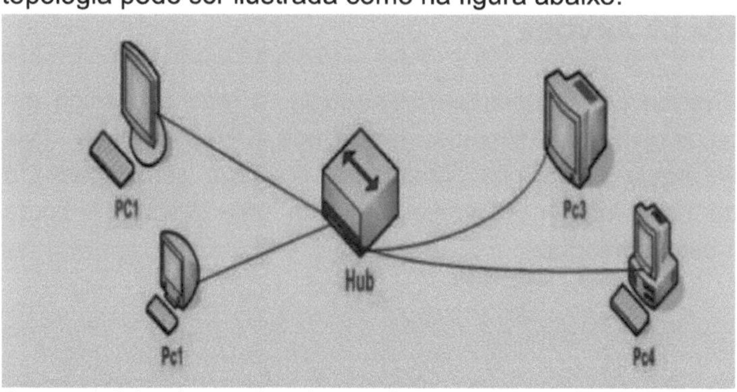

Ao contrário das redes baseadas numa topologia em barramento, as redes baseadas numa topologia em estrela são muito menos vulneráveis porque uma das ligações pode ser desligada sem paralisar o resto da rede. O centro nevrálgico desta rede é o repartidor central, pois sem ele a comunicação entre os computadores da rede deixa de ser possível. É por isso que recomendamos uma manutenção especial para o repartidor central.

Note-se também que, se o expedidor for um hub, as informações enviadas pelos computadores da rede são visíveis para todas as máquinas da rede. Se for um comutador que actua como expedidor, a informação enviada é enviada diretamente para o destinatário (conhecendo os endereços de origem e de destino).

C. TOPOLOGIA DO ANEL

Nesta topologia, os computadores estão localizados num circuito (teoricamente) e comunicam cada um por sua vez. Na realidade, os computadores não estão ligados em anel, mas estão ligados a um expedidor (chamado MAU, Multi Station Access Unit) que gere a comunicação entre os computadores a ele ligados, atribuindo um tempo de conversação (token) a cada um deles. Token ring e FDDI são exemplos de redes que utilizam esta topologia.

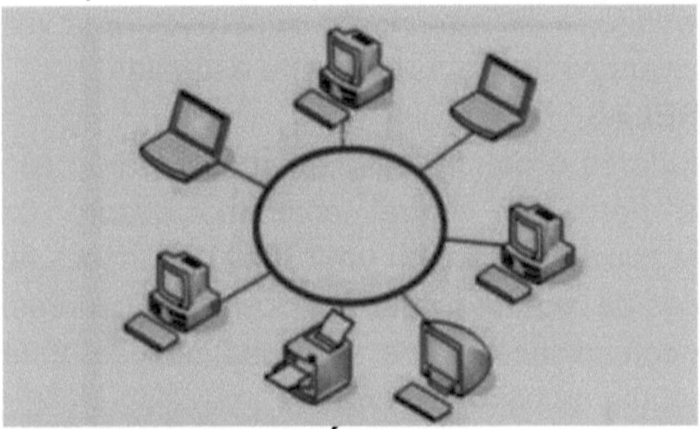

D. TOPOLOGIA DA ÁRVORE

Também conhecida como topologia hierárquica, a rede é dividida em níveis. O topo, o nível mais elevado, está ligado a vários nós de nível inferior na hierarquia. Estes nós podem, por sua vez, estar ligados a vários nós de nível inferior. O conjunto forma uma árvore. A figura abaixo ilustra esta topologia.

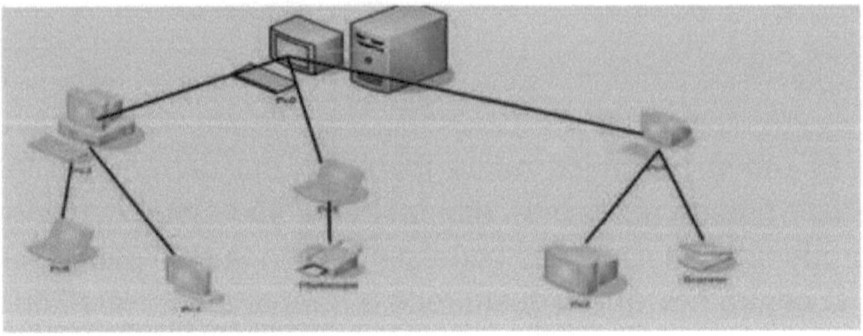

E. TOPOLOGIA DE MALHA

Uma topologia em malha, uma evolução da topologia em estrela, corresponde a várias ligações ponto-a-ponto. Uma unidade de rede pode ter (1, N) ligações ponto-a-ponto a várias outras unidades. Cada terminal está ligado a todos os outros. A desvantagem é que o número de ligações necessárias torna-se muito elevado. Esta topologia é encontrada em grandes redes de distribuição (por exemplo, a Internet). A informação pode viajar através da rede por várias rotas, sob o controlo de supervisores de rede poderosos ou utilizando métodos de encaminhamento distribuídos. A figura abaixo ilustra esta topologia.

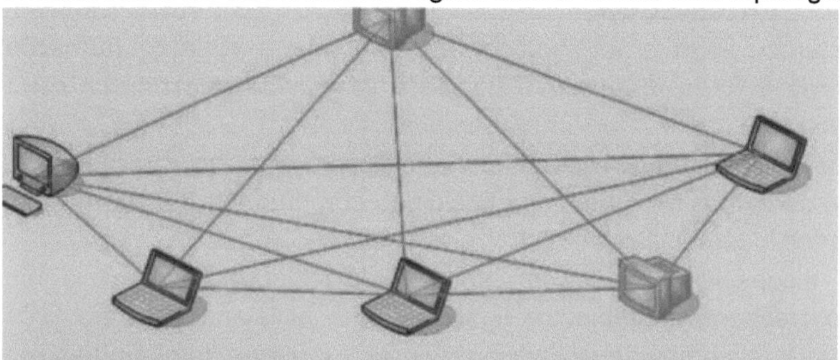

II. TOPOLOGIA LÓGICA

> **Ethernet**: refere-se a um protocolo de rede local (LAN). Baseia-se na comutação de pacotes e em cabos de par entrançado para ligar várias máquinas entre si. Para os utilizadores privados, a Ethernet é simplesmente um cabo ligado entre um computador e um ponto de acesso à Internet, proporcionando uma transferência de dados de alta qualidade.

> **Token Ring**: frequentemente utilizado na topologia em anel, em que cada computador está ligado ao anel por dois circuitos: um para a emissão e outro para a receção. O modo de funcionamento é idêntico ao da topologia em anel.

FDDI: Fiber Distributed Data Interface, define uma rede de alto desempenho capaz de transportar dados de alta velocidade com administração integrada.

CAPÍTULO II

REDES COM FIOS

11.1. DEFINIÇÕES DE CONCEITOS

11.1.1. REDE DE FIOS

Uma rede com fios é uma rede em que o equipamento está ligado e comunica através de uma ligação com fios (cabo).

11.1.2. SERVIDOR

Um servidor informático é um dispositivo que oferece uma gama de serviços a clientes aos quais está ligado através de uma rede na Internet ou numa intranet.

11.1.3. ENDEREÇO IP

Um endereço IP (Internet Protocol address) é uma **série de números atribuídos a cada dispositivo ligado a uma rede informática ou à Internet**.

Os endereços IP também permitem identificar e diferenciar milhares de milhões de dispositivos em linha, incluindo computadores e telemóveis, e ajudá-los a comunicar entre si.

Outros dispositivos ligados à Internet, incluindo impressoras e um número crescente de objectos ligados, como altifalantes e frigoríficos inteligentes, sistemas de vigilância doméstica e outros, também têm um endereço IP.

DETALHES DO ENDEREÇO IP

Um endereço IP é geralmente constituído por quatro números entre 0 e 255, separados por pontos. Cada endereço IP inclui o **ID de rede**, atribuído à sua rede pelo seu ISP (Internet Service Provider), e o **ID de anfitrião**, o identificador único atribuído a cada dispositivo ligado a essa rede específica.

Eis um exemplo de um endereço IP:

172.16.254.1

Cada um dos quatro números de um endereço IP pode ter de 1 a 3 dígitos. No nosso exemplo, o primeiro número é 172, o segundo 16, o terceiro 254 e o quarto 1. Este conjunto de números decimais separados por pontos é designado por número de 32 bits.

O endereço IP é uma série de números e pontos que funciona como um endereço postal para que o seu dispositivo possa enviar e receber dados na Internet.

11.1.4. ROUTER

Um **router** é um equipamento de interligação de redes informáticas utilizado para encaminhar pacotes entre duas ou mais redes, de modo a determinar o caminho que um pacote de dados irá seguir.

II.1.5.COMPUTADOR DO CLIENTE

O computador cliente é geralmente um computador pessoal vulgar, que funciona neste contexto como um terminal: está equipado com software relacionado com os diferentes tipos de pedidos que serão enviados.

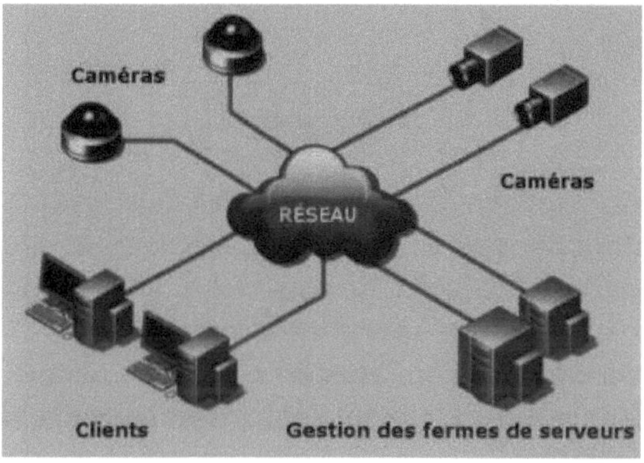

11.2. EQUIPAMENTO PARA INSTALAÇÃO DE UMA REDE COM FIOS

Para configurar uma rede com fios, é necessário um hub, um switch ou um router que se liga aos vários dispositivos da rede através de cabos. Terá de equipar todos os dispositivos com um adaptador de rede Ethernet para garantir que a ligação Ethernet é compatível. A maioria dos computadores tem adaptadores de rede Ethernet incorporados.

A. HUB

B. SWITCH (ROUTER)

C. CABO ETHERNET

Definição de cabo Ethernet: Trata-se de um cabo utilizado para a transmissão de **dados informáticos**. É utilizado para ligar a sua consola, o seu descodificador de TV ou o seu computador a uma ligação à Internet. Liga a tua livebox ao dispositivo que queres ligar.
O cabo Ethernet também é conhecido como "**ligação com fios**", porque, ao contrário do Wi-Fi, que permite ligar à Internet sem utilizar um cabo, o cabo Ethernet é, como o próprio nome indica, o cabo que o liga a uma ligação. Existem muitos cabos Ethernet, cada um com as suas próprias diferenças estruturais. É por isso que também são classificados em categorias.

D. COMPUTADOR

11.3. CONFIGURAÇÃO DE UMA REDE COM FIOS

Para configurar uma rede com fios, siga os passos abaixo.

Ligue um **cabo Ethernet** ao modem/router na porta designada por "LAN" ou "Ethernet". Ligue a outra extremidade ao seu computador. No Windows, aceda **a Iniciar "Definições " Rede e Internet "Ethernet** selecionar "Ligado".

CAPÍTULO III

REDE SEM FIOS

Uma rede sem fios refere-se a uma rede informática que utiliza ligações de radiofrequência (RF) entre os nós da rede.

3.1. 1. DEFINIÇÕES DE CONCEITOS BÁSICOS

3.1.1.1. MODEM

Um modem é uma caixa utilizada para estabelecer uma ligação à Internet. Depois de introduzir um nome de utilizador e uma palavra-passe, o modem liga-se ao seu fornecedor de serviços Internet (ISP) para se autenticar e permitir-lhe navegar na Internet. Caixas como a Freebox e a Livebox são simultaneamente um modem e um router.

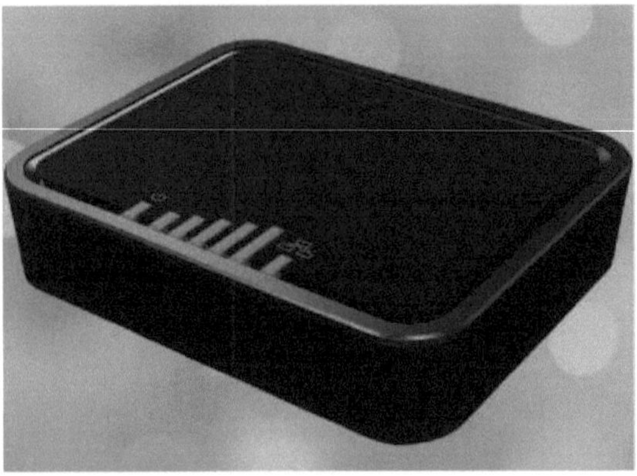

3.1.2.2. MAPA DA REDE

A placa de rede é **a interface entre o computador e a rede.**

3.1.3.3. PLACA DE REDE SEM FIOS

Uma placa de rede sem fios é um **dispositivo que liga o PC a uma rede sem fios.**

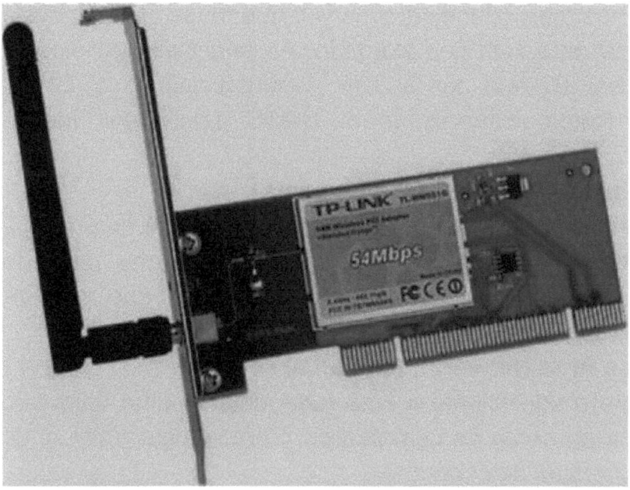

3.1.4.4. WIFI

Wi-Fi, que significa "Wireless Fidelity" (fidelidade sem fios), é uma tecnologia de rede sem fios que permite que os dispositivos electrónicos se liguem sem problemas a uma rede através de frequências de rádio.

3.1.5.5. PONTO DE ACESSO

Um ponto de acesso (AP) é um dispositivo de rede que liga uma rede com fios a uma rede sem fios.

A maioria dos pontos de acesso liga-se a redes sem fios utilizando a norma Wi-Fi. No entanto, os pontos de acesso comerciais e industriais modernos suportam cada vez mais as normas sem fios Bluetooth e Thread, o que lhes permite suportar tanto os dispositivos dos utilizadores como o equipamento IoT (Internet das Coisas).

3.2. 2. TIPOS E TECNOLOGIAS DE REDES SEM FIOS

Uma rede sem fios é, como o próprio nome indica, uma rede em que pelo menos dois dispositivos podem comunicar sem uma ligação com fios. As redes sem fios utilizam ondas de rádio (rádio e infravermelhos) em vez dos habituais cabos. Existem várias tecnologias, que diferem em termos da frequência de transmissão utilizada, bem como da velocidade e do alcance das transmissões.

As redes sem fios são normalmente divididas em várias categorias, consoante a área geográfica que oferece conetividade (zona de cobertura), como se segue:

A. WWAN (Wireless Wide Area Network),

A rede sem fios alargada: Também conhecida como rede móvel celular.

Esta é a rede sem fios mais difundida, uma vez que todos os telemóveis estão ligados a uma rede sem fios alargada. As principais tecnologias são o GSM (Global System for Mobile communication), o GPRS (General Packet Radio Service) e o UMTS (Universal Mobile Telecommunications System).

B. WMAN (Wireless Metropolitan Area Network),

A rede metropolitana sem fios Conhecida como radio local loop (RLL). As WMAN baseiam-se na norma IEEE 802.16. A norma de rede metropolitana sem fios mais conhecida é a WiMAX, que oferece velocidades de cerca de 70 Mbps num raio de vários quilómetros.

C. WLAN (Wireless Area Network), rede local sem fios

Uma rede que cobre o equivalente a uma rede local de uma empresa, ou seja, um alcance de cerca de cem metros. Permite ligar entre si os terminais situados na zona de cobertura.

Existem várias tecnologias concorrentes: wifi ou IEEE 802.11 e HiperLAN2 (High performance Radio LAN 2.0).

D. WPAN (Wireless Personal Area Network), rede de área pessoal sem fios

Também conhecidas como redes sem fios individuais ou redes sem fios domésticas, são redes sem fios de curto alcance, da ordem das poucas dezenas de metros. Este tipo de rede utiliza as tecnologias Bluetooth, HomeRF (Home Radio Frequency), Zigbee (também conhecida como IEEE 802.15.4) e infravermelhos.

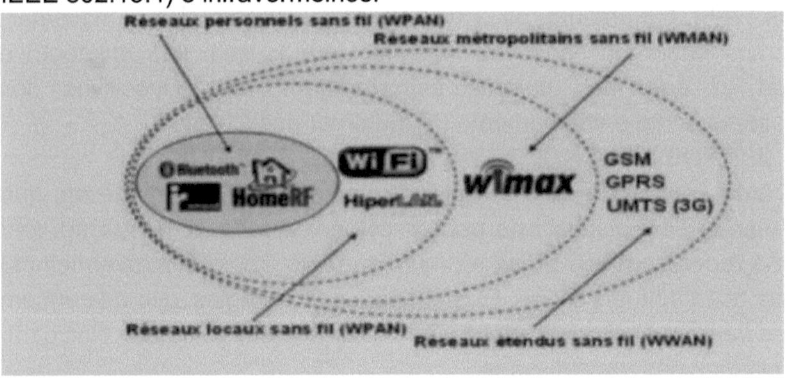

CAPÍTULO IV

SISTEMAS CLIENTE-SERVIDOR

IV.1.DEFINIÇÕES DE CONCEITOS

IV.1.1. MODO PONTO-A-PONTO

Uma **ligação ponto-a-ponto** é uma ligação entre dois hosts apenas e não foi concebida para ser utilizada inicialmente numa rede. Por conseguinte, não existe uma noção nativa do endereço de rede dos dois anfitriões, nem um controlo prévio do fluxo.

IV.1.2.CLIENTE-SERVIDOR

A arquitetura cliente-servidor refere-se geralmente a dois processos, um dos quais é o cliente e o outro o servidor. Esta arquitetura baseia-se numa estação central, o servidor, que envia dados para as máquinas clientes. Os programas que acedem ao servidor são chamados programas clientes (cliente FTP, cliente de correio eletrónico, etc.).

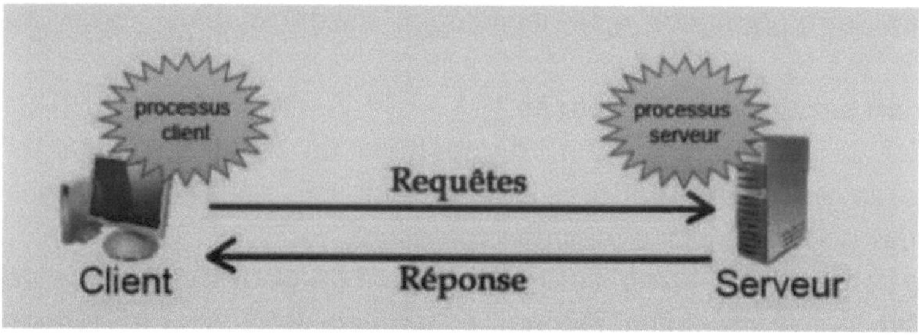

Vantagens desta arquitetura :

> Unicidade da informação: para um sítio Web dinâmico, por exemplo (como vulgarisation-informatique.com), certos artigos do sítio são armazenados numa base de dados no servidor. Desta forma, a informação permanece idêntica. Cada utilizador tem acesso às mesmas informações.

> Maior segurança: Ao ligar-se, um PC cliente só vê o servidor e não os outros PCs clientes. Do mesmo modo, os servidores são geralmente muito seguros contra ataques de hackers.

> Maior fiabilidade: Em caso de avaria, apenas o servidor é reparado, não o PC cliente.

> Escalabilidade: Uma arquitetura cliente/servidor é escalável porque é muito fácil adicionar ou remover clientes e até servidores.

Desvantagens desta arquitetura

> Custos operacionais elevados (largura de banda, cabos, computadores potentes)

IV.1.3.SERVIDOR DE DADOS

Os servidores de bases de dados reúnem todos os seus dados, quer se trate de software de missão crítica ou de clientes de correio eletrónico, criando um "balcão único" para as suas necessidades de armazenamento e gestão de dados e informações. Ideal para quem precisa de aceder regularmente às informações ou para gerir melhor as suas bases de dados através de um sistema de rede fiável.

IV.1.4. SERVIDOR DE IMPRESSÃO

Quer seja para imprimir contratos de trabalho para o departamento de RH, notas de encomenda para o departamento de vendas ou folhetos para as equipas de marketing, todas as empresas têm impressoras. E muitas vezes várias, para que possam ser distribuídas entre os diferentes departamentos. Assim, para gerir todos os documentos a imprimir, as organizações necessitam de um servidor de impressão. Analisamos em pormenor esta tecnologia, essencial para todas as empresas.

O que é um servidor de impressão?

O servidor de impressão é um **dispositivo de rede que liga as impressoras e os computadores da empresa.** Isto significa que vários funcionários podem utilizar a mesma impressora.

Actuando como intermediário, este servidor tem de **gerir os pedidos de impressão** entre os computadores e as impressoras. Em termos práticos, quando um funcionário pretende imprimir um documento, envia um pedido através do seu computador para o servidor de impressão. O servidor de impressão enviará então o pedido para a impressora correta, de modo a satisfazer o pedido de impressão do funcionário.

Ao gerir todas as impressões de uma empresa, este equipamento é mais do que essencial para o seu bom funcionamento, tanto para os processos internos como para as relações com terceiros.

FUNÇÕES DO SERVIDOR DE IMPRESSÃO

A principal função do servidor de impressão é gerir todos os pedidos de impressão de todos os computadores da rede informática. Como tal, deve :

- **Ligar computadores e impressoras**: o servidor de impressão partilha uma ou mais impressoras com os computadores da organização, para que todos os funcionários as possam utilizar.
- **Enviar pedidos para a impressora correta**: uma empresa tem frequentemente várias impressoras. O servidor tem de enviar o pedido de impressão correto (a cores, a preto e branco, número de páginas,

etc.) para o local certo.

- **Gerir pedidos de impressão simultâneos**: se a impressora já estiver ocupada, o servidor armazena e coloca o pedido em fila de espera. Deste modo, evita-se a sobrecarga do dispositivo de impressão.

. **Centralização dos pedidos**: para as empresas que trabalham em grandes edifícios (sobretudo quando vários andares), o servidor de impressão é mais do que essencial, pois centraliza os pedidos de todos os computadores da estrutura.

- **Organizar a fila de espera**: para além de imprimir todos os tipos de documentos, pode reorganizar a fila de espera, atribuir prioridades aos trabalhos e eliminar documentos em fila de espera do servidor de impressão.

Graças a todas estas caraterísticas, as empresas poupam um tempo considerável na impressão de documentos. Quaisquer que sejam as suas necessidades. De facto, é sempre possível acrescentar outros sistemas clientes ou impressoras à rede informática. O servidor de impressão continuará a centralizar todos os pedidos.

LIMITAÇÕES DO SERVIDOR DE IMPRESSÃO

Embora o servidor de impressão seja essencial para gerir simultaneamente todos os pedidos de impressão da organização, tem um grande inconveniente. Se sofrer um erro ou uma avaria, todas as impressoras ligadas ao periférico são afectadas. Por outras palavras, a empresa já não pode imprimir nada até que o problema seja resolvido. E isso pode ter um grande impacto na produtividade das suas equipas. Isto é particularmente verdadeiro para as empresas com necessidades de impressão muito elevadas ou que ainda não concluíram a sua transformação digital.

NB: O servidor de impressão está integrado em todos os outros recursos tecnológicos de uma organização. Os administradores devem, por conseguinte, tê-los em conta na gestão do sistema informático e fazer tudo o que estiver ao seu alcance para limitar as avarias ou os erros que possam paralisar a impressão da empresa.

FUNCIONAMENTO DO SERVIDOR DE IMPRESSÃO

Para funcionar, um servidor de impressão necessita de :

. Uma entrada de rede para gerir os protocolos de rede. Trata-se frequentemente de uma porta RJ45 para a rede Ethernet.

- Uma ou mais saídas para ligar cada uma delas às impressoras. Pode ser uma ligação paralela, USB ou sem fios (embora a maioria dos servidores de impressão tenha ligações de saída USB).

NB: o servidor de impressão pode assumir a forma de um computador anfitrião com várias impressoras partilhadas ou de um dispositivo separado que implementa os protocolos de impressão. Seja qual for o caso, as funcionalidades são as mesmas.

CONFIGURAÇÃO DE UM SERVIDOR DE IMPRESSÃO

A configuração do servidor de impressão depende do sistema operativo utilizado. Como a maioria das empresas utiliza o Windows, concentramo-nos neste sistema. Os servidores Windows são instalados por defeito nas redes Microsoft e TCP/IP. As operações a efetuar dependem então da versão do servidor. Mas, em geral, deve clicar em "Configure Server Wizard", depois em "Print Server" e ir para a página "Printers and Printer Drivers". Pode então adicionar ou remover uma impressora local.

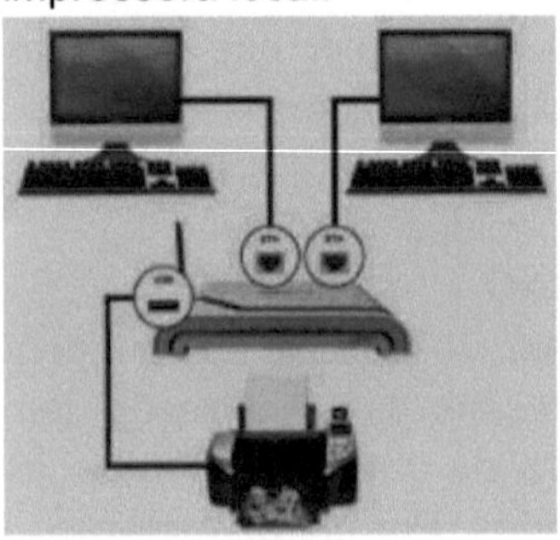

IV.1.5.SERVIDOR DE CORREIO ELECTRÓNICO

Um servidor de correio (por vezes designado por servidor de correio eletrónico) é um software que envia e reporta mensagens de correio eletrónico.

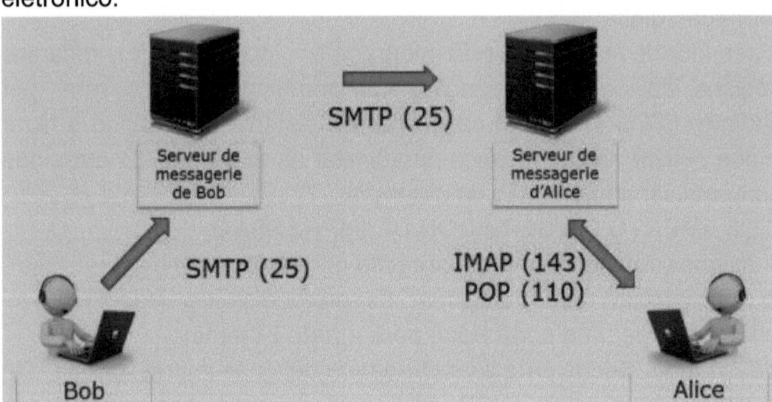

IV.1.6.SERVIDOR DE APLICAÇÕES

Os servidores de aplicações são definidos como um servidor que permite que as aplicações sejam instaladas, operadas e alojadas. Embora residam no lado do servidor, fornecem a lógica comercial subjacente à aplicação. Os três elementos de um programa Web funcional são o sistema operativo, os recursos externos, como o sistema de gestão de bases de dados (DBMS), os serviços Internet e a aplicação do utilizador. Os servidores de aplicações situam-se entre estes três elementos.

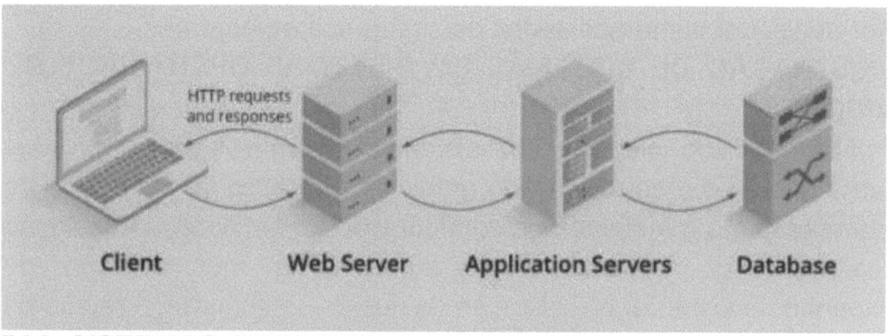

IV.2. SISTEMAS OPERATIVOS UTILIZADOS

A escolha do sistema operativo de servidor adequado em 2024 requer um conhecimento aprofundado dos diferentes sistemas e das respectivas capacidades. Este artigo fornece uma comparação informativa dos principais sistemas operativos de servidores, discute as suas principais caraterísticas e aplicações típicas e oferece recomendações para o ajudar no seu processo de seleção. A ênfase é colocada na apresentação profissional de informações técnicas, sem preconceitos pessoais.

CARACTERÍSTICAS CRÍTICAS DOS SISTEMAS OPERATIVOS DE SERVIDORES

Os sistemas operativos (SO) dos servidores são um componente essencial da tecnologia da informação. Actuam como intermediários entre o hardware do servidor e as aplicações nele executadas, assegurando operações sem problemas, elevado desempenho e segurança robusta. As funções críticas de um sistema operativo de servidor incluem caraterísticas de segurança, administração do sistema, requisitos de configuração de hardware e software, gestão da carga de trabalho e capacidades de ligação em rede. Cada um destes aspectos desempenha um papel fundamental no desempenho geral e na eficiência de um servidor.

CARACTERÍSTICAS DE SEGURANÇA DO SISTEMA OPERATIVO DO SERVIDOR

A segurança é de extrema importância nos sistemas operativos de servidores. Um sistema operativo de servidor seguro oferece uma proteção sólida contra o acesso não autorizado, a violação de dados e outras ciberameaças. Deve incluir funcionalidades como definições de firewall, mecanismos de autenticação e autorização de utilizadores, sistemas de deteção de intrusões e ferramentas de encriptação. Além disso, também deve ter actualizações e correcções regulares para resolver quaisquer vulnerabilidades de segurança emergentes.

ADMINISTRAÇÃO DE SISTEMAS EM SISTEMAS OPERATIVOS DE SERVIDORES

A administração do sistema em sistemas operativos de servidores envolve a gestão e manutenção do ambiente operativo do servidor. Isto inclui tarefas como a instalação e configuração do servidor, a instalação e atualização de aplicações de software, a monitorização do desempenho do sistema, a realização de cópias de segurança regulares e a resolução de quaisquer problemas que possam surgir. Um bom sistema operativo de servidor fornecerá ferramentas eficientes e fáceis de utilizar para a administração do sistema, tornando estas tarefas mais acessíveis e geríveis.

REQUISITOS DE HARDWARE E SOFTWARE PARA SISTEMAS OPERATIVOS DE SERVIDORES

Os requisitos de hardware e software de um sistema operativo de servidor dependem das necessidades específicas da organização e das aplicações que serão executadas no servidor. Normalmente, o sistema operativo do servidor requer um processador potente, memória suficiente e capacidade de armazenamento suficiente. Do ponto de vista do software, o sistema operativo do servidor deve suportar as aplicações e serviços necessários à organização. Deve também ser compatível com o hardware do servidor para garantir um desempenho ótimo.

MELHORES PRÁTICAS DE GESTÃO DO VOLUME DE TRABALHO TRABALHAR EM SISTEMAS OPERATIVOS DE SERVIDORES

A gestão eficaz da carga de trabalho nos sistemas operativos de servidores é crucial para manter um elevado desempenho e evitar sobrecargas no sistema. Isto implica equilibrar a distribuição de tarefas pelos recursos do servidor, monitorizar a utilização do sistema para detetar eventuais estrangulamentos e implementar estratégias para otimizar a utilização dos recursos. Alguns sistemas operativos de servidores também oferecem funcionalidades avançadas de gestão da carga de trabalho, como o equilíbrio da carga e a atribuição automática de recursos.

CAPACIDADES DE REDE DO SISTEMA OPERATIVO DO SERVIDOR

As capacidades de rede de um sistema operativo de servidor determinam até que ponto este pode comunicar com outros sistemas e dispositivos na rede. Isto inclui caraterísticas como o suporte de protocolos de rede, a gestão da largura de banda e as opções de segurança da rede. Um sistema operativo de servidor com fortes capacidades de rede pode facilitar a transferência de dados sem descontinuidades, o acesso remoto eficiente e as ligações de rede seguras, todos eles cruciais para o bom funcionamento da infraestrutura de TI de uma organização.

ESCOLHER O MELHOR SISTEMA OPERATIVO DE SERVIDOR

A seleção do melhor sistema operativo (SO) de servidor é uma decisão crucial que pode ter um impacto significativo na eficácia e eficiência da sua infraestrutura de TI. Implica compreender os diferentes tipos de sistemas operativos de servidor, avaliar as necessidades específicas da sua empresa, comparar as caraterísticas e capacidades dos diferentes sistemas operativos de servidor, ter em conta os aspectos de segurança e avaliar a integração com o hardware e o software existentes. Vejamos cada um destes aspectos com mais pormenor.

IV.3.DIFERENÇA ENTRE UM SISTEMA PONTO-A-PONTO E UM SISTEMA CLIENTE-SERVIDOR

Há muito tempo que trabalhamos com computadores, pelo que já deve ter ouvido os termos Cliente-servidor e Par-a-par. Estes dois modelos de rede são os mais comuns que utilizamos no nosso quotidiano. A arquitetura cliente-servidor centra-se na partilha de informações, enquanto a arquitetura ponto-a-ponto se centra na conetividade com computadores remotos.

A principal diferença entre os modelos de rede Cliente-Servidor e Ponto-a-Ponto é que, no modelo Cliente-Servidor, a gestão dos dados é centralizada, enquanto no Ponto-a-Ponto, cada utilizador tem os seus próprios dados e aplicações. Além disso, discutiremos mais sobre as diferenças entre a arquitetura Cliente-servidor e a arquitetura Ponto-a-Ponto utilizando a tabela de comparação abaixo.

QUADRO COMPARATIVO

	SERVIDOR-CLIENTE	**PEER-TO-PEER**
Definição	Existe um servidor	O cliente e o servidor fazem o

	específico e clientes específicos ligados ao servidor.	mesmo trabalho. Cada nreud actua como cliente e servidor.
Serviço	O cliente solicita o serviço e o servidor oferece o serviço.	Cada nó pode solicitar serviços e também pode fornecer serviços.
Estabilidade	O modelo cliente-servidor é mais estável e escalável.	O sistema peer-to-peer sofre se o número de peers no sistema aumentar.
O custo	A implementação do cliente-servidor é dispendiosa	A implementação do sistema peer-to-peer é mais barata.
Classificação Servidor	Quando vários clientes solicitam serviços ao mesmo tempo, um servidor pode ficar sobrecarregado.	Como os serviços são prestados por vários servidores distribuídos pelo sistema peer-to-peer, um servidor não fica sobrelotado.
Os dados	Os dados são armazenados num servidor central.	Cada par tem os seus próprios dados.

IV.4.BENEFÍCIOS

As principais vantagens da rede cliente-servidor são a segurança, a fiabilidade e a escalabilidade. O servidor central permite aceder aos dados à distância e guardá-los num servidor seguro. Também oferece uma maior escalabilidade, uma vez que milhares de utilizadores podem ser ligados sem afetar a velocidade ou o desempenho da rede.

IV.5.LIMITES DE DOIS SISTEMAS

1. A tecnologia cliente-servidor tem, no entanto, algumas limitações:

- **Custo elevado:** A instalação e a manutenção dos servidores podem ser dispendiosas.
- **Em caso de avaria:** uma falha do servidor central pode afetar todos os computadores ou outros dispositivos da rede cliente-servidor.
- **Congestionamento do tráfego:** Quando um grande número de clientes envia pedidos para o mesmo servidor, este pode não ser capaz de lidar com a carga, o que pode levar ao congestionamento do tráfego .

2. O principal inconveniente das redes peer-to-peer é o facto de serem altamente susceptíveis a vírus e malware. Quando se descarrega ficheiros numa rede P2P, nunca se pode ter a certeza da qualidade dos

ficheiros que se descarrega.

Além disso, como os utilizadores estão ligados diretamente uns aos outros, não há filtragem de dados. Este facto pode tornar a rede vulnerável a ataques informáticos e à pirataria de conteúdos. **NB:** Tanto as redes cliente-servidor como as redes peer-to-peer têm as suas próprias vantagens e limitações. E ambos os modelos podem ter um bom desempenho se utilizados em ambientes adequados. Terá de ponderar as vantagens e desvantagens de cada modelo de rede para decidir qual deles implementar.

IV.6. SERVIDOR DNS

O Sistema de Nomes de Domínio (DNS) é o serviço que estabelece a ligação entre o nome de domínio e o endereço IP de um servidor. Isto significa que os utilizadores da Internet não precisam de saber o endereço IP exato de um sítio Web para lhe acederem.

IV.6.1.OPERAR UM SERVIDOR DNS

Quando um nome de domínio é introduzido num browser, o pedido é enviado para o servidor DNS. O servidor DNS responde fornecendo o endereço IP do servidor Web associado. O navegador pode então enviar o seu pedido ao servidor de destino e devolver ao utilizador da Internet os dados solicitados, ou seja, o site que procura. Na OVHcloud, o seu servidor DNS está incluído sem custos adicionais e pode ser utilizado com o seu nome de domínio, alojamento Web, CDN, SSL e contas de e-mail.

IV.6.2.DO PEDIDO DNS À APRESENTAÇÃO DA PÁGINA WEB

Uma pesquisa na Web desencadeia uma série de etapas que permitem ao utilizador aceder ao conteúdo que pretende consultar.

1. Através da sua ligação à Internet, os utilizadores da Internet introduzem um URL, "ovhcloud.com" por exemplo, num browser. Este pedido é enviado pelo modem-router para o resolvedor DNS, que é responsável pela resolução do nome de domínio.
2. O resolvedor DNS, normalmente o do fornecedor de serviços Internet (ISP), comunica o pedido e encaminha-o para o servidor de raiz DNS.
3. O servidor de raiz responde indicando o servidor correspondente à extensão TLD (Top-level domain) associada ao domínio procurado, neste caso .com.
4. O resolvedor DNS envia o pedido para o servidor de nomes .com. Em seguida, responde indicando o servidor DNS responsável pelo nome de domínio que está a ser procurado.
5. O resolvedor do ISP envia o pedido ao servidor DNS, que procura os

endereços IP e fornece o que corresponde ao servidor Web associado ao nome de domínio "ovhcloud.com".

6. O endereço IP é transmitido ao browser e armazenado numa cache DNS para uma consulta posterior mais rápida.
7. O navegador Web submete o pedido HTTP (Hypertext Transfer Protocol) ovhcloud.com ao servidor Web correspondente ao IP fornecido pelo resolvedor DNS.
8. O servidor Web responde devolvendo o conteúdo correspondente a ovhcloud.com, ou seja, a página inicial do nosso sítio Web.

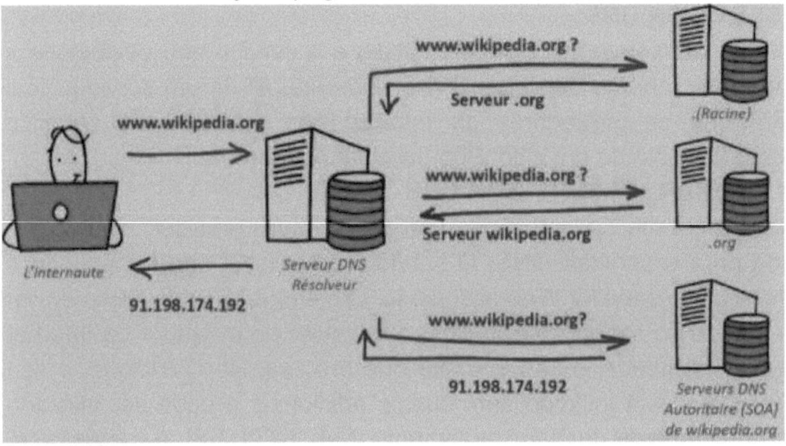

IV.7.DHCP

Um servidor DHCP, ou serviço DHCP, atribui endereços IP a dispositivos ligados à rede. Em geral, as placas de rede destes dispositivos estão à espera de um endereço IP para poderem comunicar na rede. Para além do endereço IP, o serviço DHCP também fornece informações adicionais sobre a rede à qual o dispositivo está ligado.

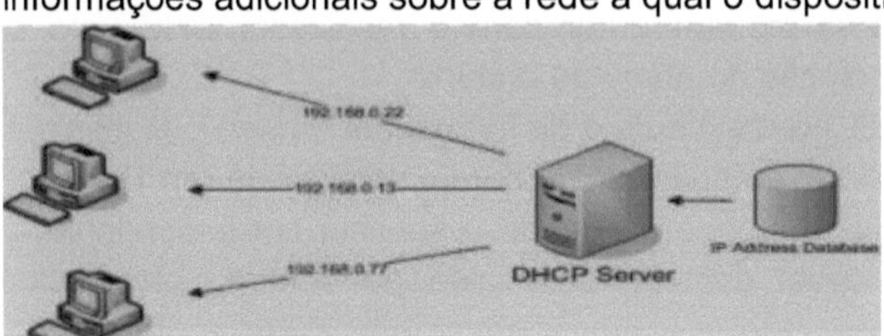

IV.8.http PROTOCOLOS

O protocolo de transferência de hipertexto (HTTP) é o **protocolo de comunicação** utilizado para transferir informações através de ficheiros

(HTML) na World Wide Web.

Concebido no início dos anos 90, o HTTP é um protocolo extensível que tem
evoluiu ao longo do tempo. É o que é conhecido como um protocolo de camada de aplicação
e é transmitido usando TCP ou TLS. Por ser extensível, é utilizado não só para transmitir documentos de hipertexto HTTP, mas também imagens ou vídeos, ou para enviar dados ou conteúdos para servidores, como no caso dos formulários.

O método HTTP é a base de toda a troca de dados na Web. Segue um **esquema de pedido-resposta** entre um cliente e um servidor. Cada ação do utilizador, como introduzir um URL ou clicar numa ligação, é convertida num pedido HTTP ao servidor. O servidor envia então uma mensagem de resposta ao cliente, para que o utilizador veja o resultado do pedido apresentado no browser.

O protocolo HTTP funciona sobre o conjunto de protocolos TCP/IP, que constitui a base da Internet. A versão mais recente do HTTP é o HTTP/2, que foi lançado em maio de 2015.

O HTTP é também um protocolo sem estado, o que significa que não armazena quaisquer informações sobre ligações anteriores. As aplicações Web precisam frequentemente de manter o estado. Para o fazer, utilizamos cookies, que são pedaços de informação que um servidor pode armazenar no sistema do cliente. Isto permite que as aplicações Web acompanhem os utilizadores e a sua atividade online, uma vez que os cookies podem ser armazenados no cliente por um período de tempo indefinido.

IV.8.1.OPERAÇÃO HTTP

O HTTP funciona numa base de "pedido-resposta" entre o servidor Web e o agente do utilizador, ou seja, o cliente que solicita a transmissão de dados. Um cliente pode ser um navegador Web ou os web *crawlers* ou *web spiders* que inspeccionam as páginas existentes.

O servidor fornece ao cliente uma resposta estruturada com uma série de metadados, que estabelecem as diretivas de lançamento, desenvolvimento e encerramento da transmissão de informações. Estes são os **métodos de pedido**, ou seja, os comandos que desencadeiam a execução de recursos específicos cujos ficheiros estão armazenados no servidor.

Por exemplo, ao abrir uma página Web específica, a troca de informações entre o navegador Web e o servidor estabelecerá a forma como as informações devem ser transmitidas, onde as imagens estão localizadas e em que ordem serão apresentadas, etc. Esta troca de comandos de pedido e códigos de resposta resulta na apresentação no dispositivo da mesma informação que estava originalmente contida no servidor, que pode estar a milhares de quilómetros de distância.

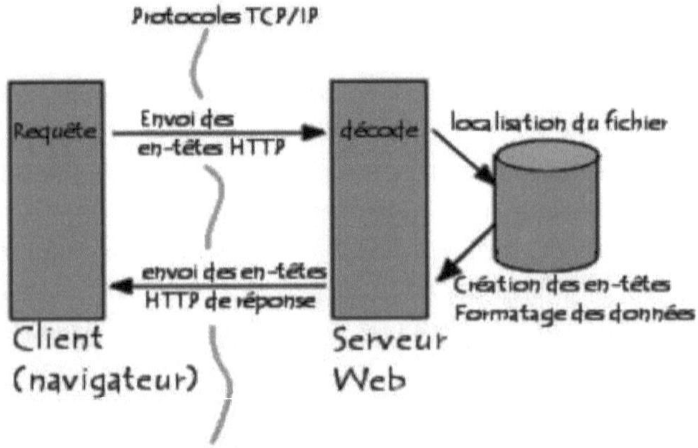

IV.9.PROTOCOLO SMTP

O Simple Mail Transfer Protocol (SMTP) é a tecnologia que **rege todo o processo de envio de correio eletrónico**.
Introduzido em 1982, o protocolo SMTP tornou-se a norma global para a transmissão de correio eletrónico. Em suma, o SMTP é um conjunto de regras que os servidores de correio eletrónico seguem para garantir que as mensagens de correio eletrónico são entregues do servidor de envio para o servidor de receção.
Com o TurboSMTP, pode maximizar a utilização destes regimes, garantindo não só a entrega dos seus e-mails, mas também uma maior taxa de abertura, evitando os filtros de spam.

IV.9.1.FUNCIONAMENTO DO PROTOCOLO SMTP: DO ENVIO À ENTREGA

O protocolo SMTP facilita a comunicação entre clientes de correio eletrónico (como o Gmail ou o Outlook) e servidores de correio na Internet.
Em suma, quando envia uma mensagem de correio eletrónico, **o seu cliente de correio eletrónico liga-se a um servidor SMTP** para iniciar o processo de entrega da mensagem.

Como funciona exatamente o SMTP?

- **Autenticação do remetente:** o servidor SMTP verifica primeiro a identidade do remetente utilizando comandos como HELO ou EHLO. Este passo garante que o e-mail provém de uma fonte legítima, ajudando a evitar spam ou e-mails maliciosos. Com o TurboSMTP, este processo é optimizado para minimizar o risco de os seus e-mails se tornarem spam.

. **Verificação do destinatário:** depois de autenticar o remetente, o servidor SMTP verifica o endereço do destinatário com o comando RCPT TO. Isto garante que a mensagem de correio eletrónico é enviada para um endereço válido.

. **Transmissão da mensagem:** após a verificação, o conteúdo da mensagem de correio eletrónico (assunto, corpo, anexos) é transmitido ao servidor do destinatário utilizando o comando DATA.

. **Retransmissão SMTP:** se o servidor do destinatário estiver temporariamente inacessível, o SMTP pode retransmitir o correio eletrónico através de diferentes servidores até chegar ao seu destino final. Esta capacidade de retransmissão é

Isto é crucial para garantir a entrega de e-mails à escala global, evitando que as mensagens se percam ou sejam bloqueadas no caminho.

Graças a uma infraestrutura robusta, a TurboSMTP optimizou este processo, garantindo uma elevada disponibilidade e entregas fiáveis, mesmo nos casos em que são necessários servidores de retransmissão adicionais para chegar ao destinatário final.

- **Tratamento de erros:** em caso de problema, o servidor SMTP pode colocar a mensagem de correio eletrónico em fila de espera e tentar enviá-la mais tarde, ou enviar uma de erro ao remetente.

O TurboSMTP optimiza este processo, oferecendo estatísticas avançadas e uma melhor gestão dos erros.

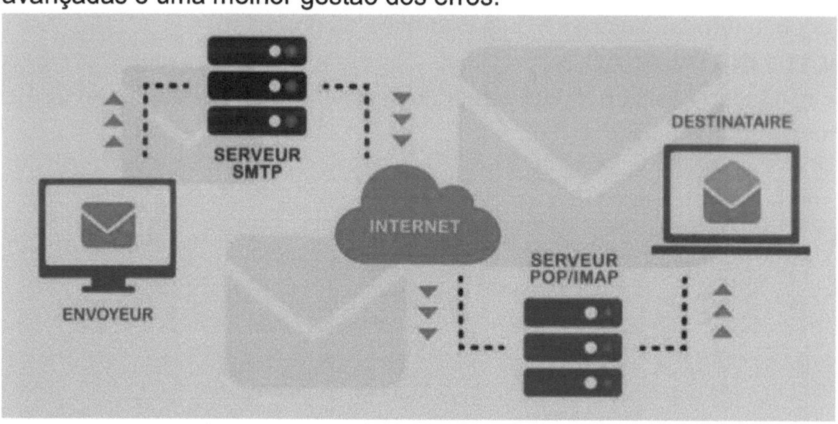

IV.10.PROTOCOLO POP3

O Post Office Protocol 3 (abreviadamente POP3) é um método de receção de correio eletrónico.

O POP3 é um protocolo de transmissão que permite que um cliente de correio eletrónico recupere correio eletrónico de um servidor.

O POP3 é a escolha certa para si se estiver preocupado com o tempo passado online por motivos de custos. Com este procedimento, as mensagens de correio eletrónico são sempre transmitidas do servidor para o dispositivo local.

Se só recebe e lê os seus e-mails num computador específico, pode utilizar o POP3 sem hesitação.

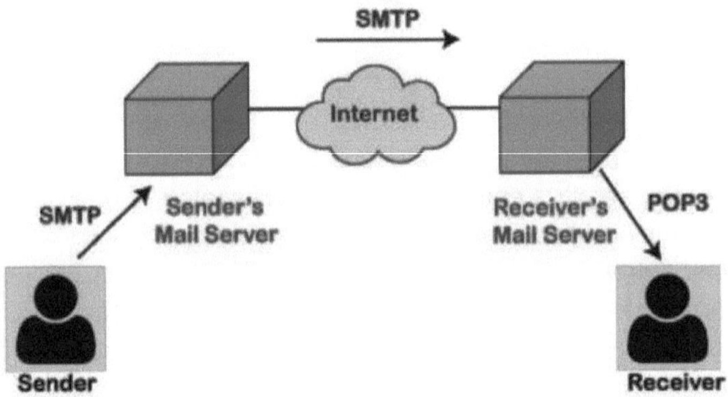

IV.11.PROCESSO DE INSTALAÇÃO E CONFIGURAÇÃO DE UM SERVIDOR

Utilizando **o Windows Server 2012 R2 Essentials** como exemplo, são necessários vários passos para instalar e configurar este sistema. O seguinte tutorial (ilustrado) guia-o através do processo.

IV.11.1.INSTALAÇÃO

A instalação básica é direta, arrancando a partir do DVD do Server 2012 Fundamentos do R2

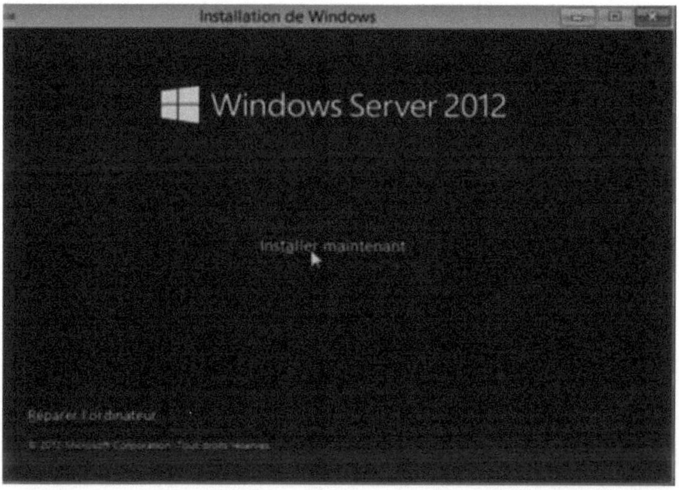

Em seguida, introduza a chave de produto do servidor Microsoft Windows

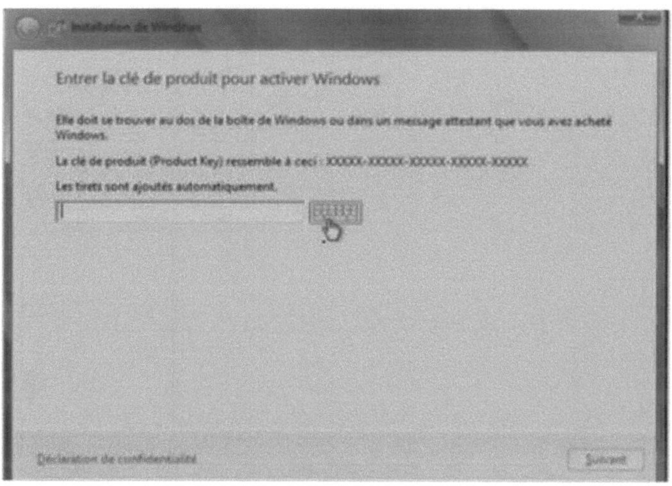

Aceitamos o contrato de utilizador

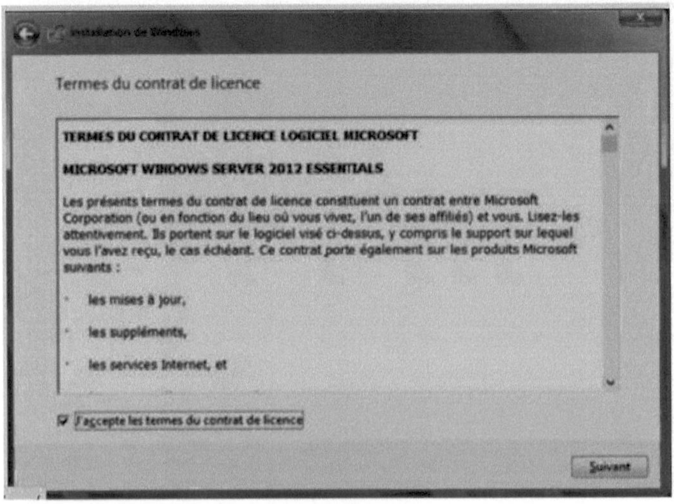

Selecionar Instalação personalizada

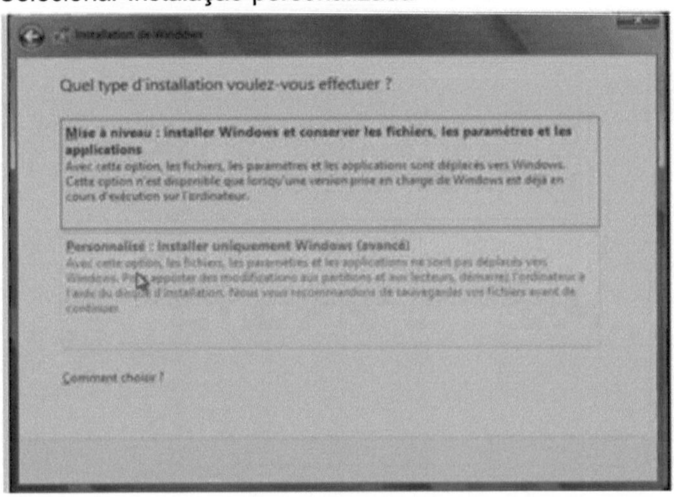

Escolha o disco e aceite a formatação e o particionamento automáticos (pode definir outra partição)

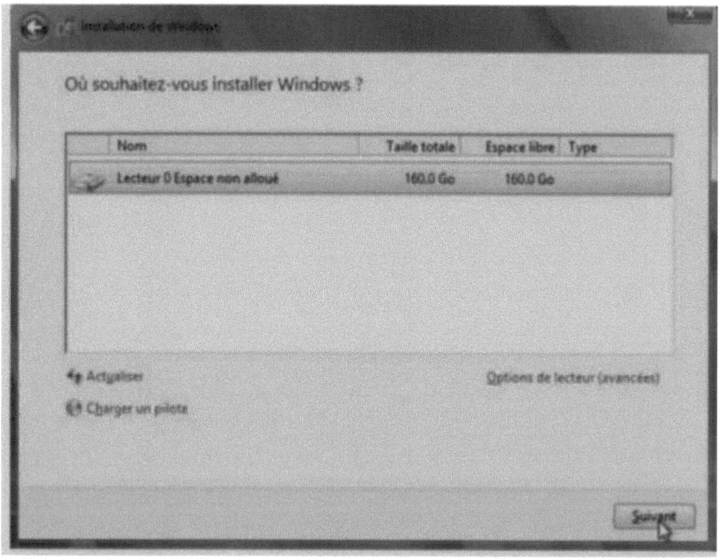

Iniciar a instalação: os restantes passos da instalação são executados automaticamente

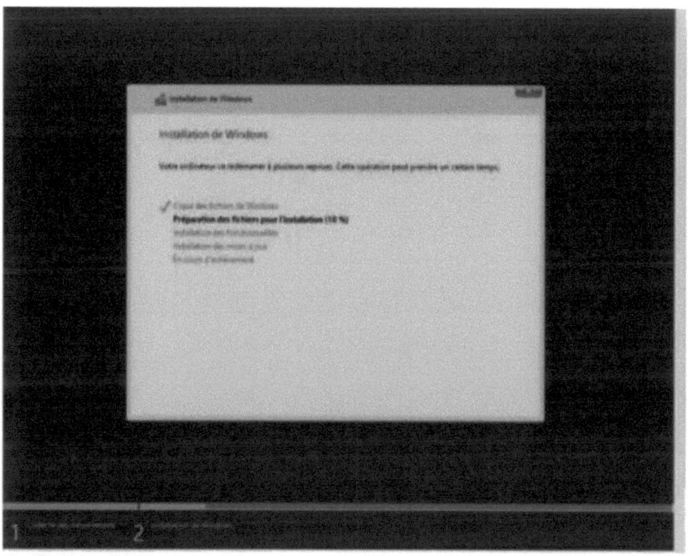

Definir a data e a hora

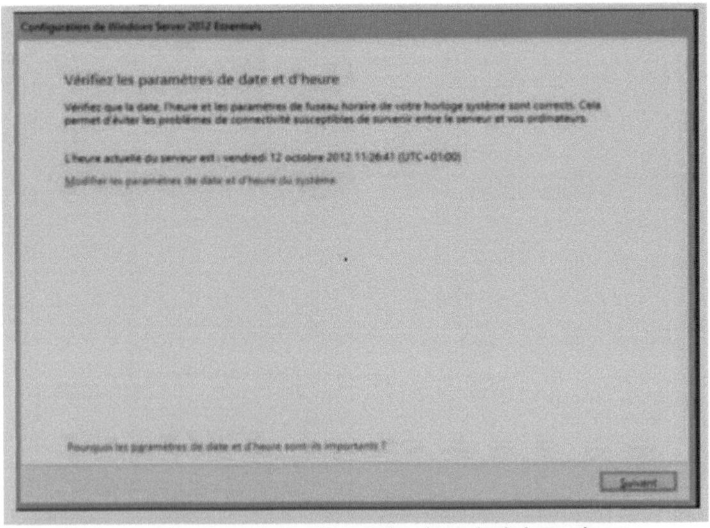

Introduzir a palavra-passe da conta de administrador

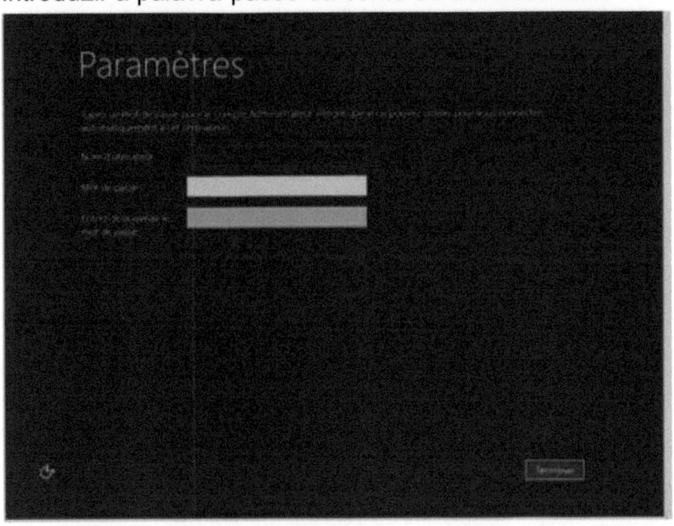

A instalação está concluída e a sessão abre-se com a conta de administrador

A instalação está agora concluída e vamos passar à fase de configuração, que envolve dois processos

PRIMEIRA PARTE DA CONFIGURAÇÃO

Aqui, o seu programa de instalação começa por efetuar as tarefas básicas de verificação e cria o seu servidor de acordo com a sua escolha (nome da empresa, nome de domínio, nome do servidor). De seguida, inicie a configuração da seguinte forma:

O servidor começa por verificar a configuração do sistema.

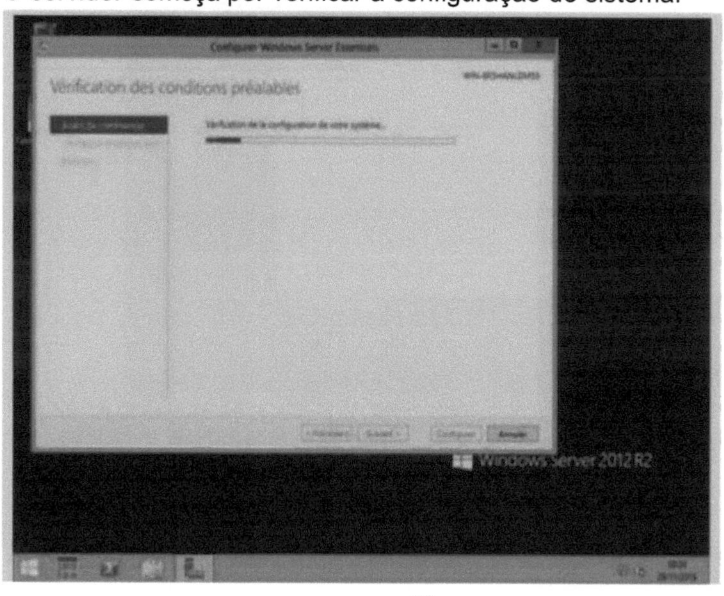

Quando a verificação estiver concluída, será iniciado o assistente de configuração para introduzir as definições básicas.

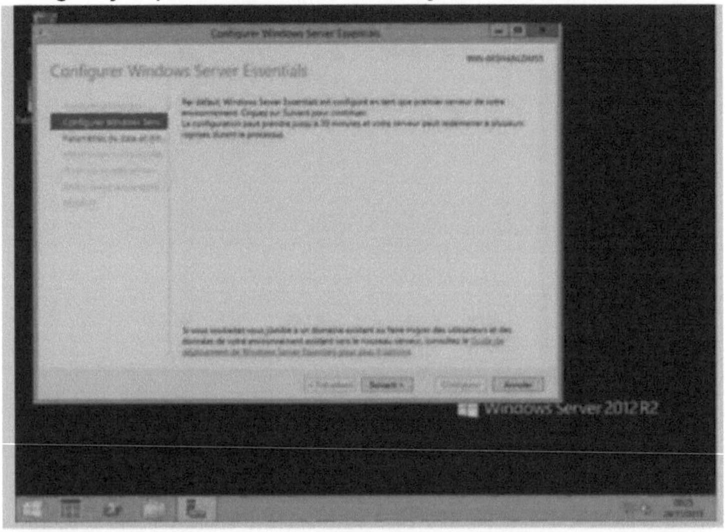

Em seguida, introduzir os parâmetros de tempo.

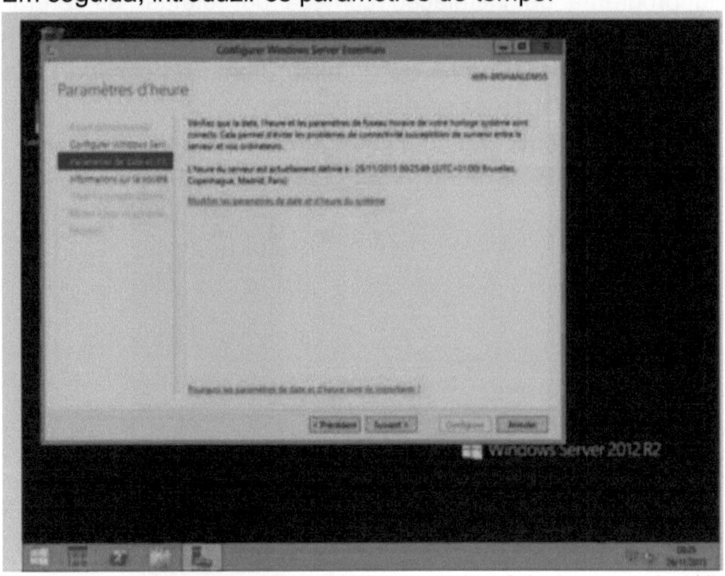

Introduza o nome da sua empresa, o domínio interno do Windows e o nome do servidor.

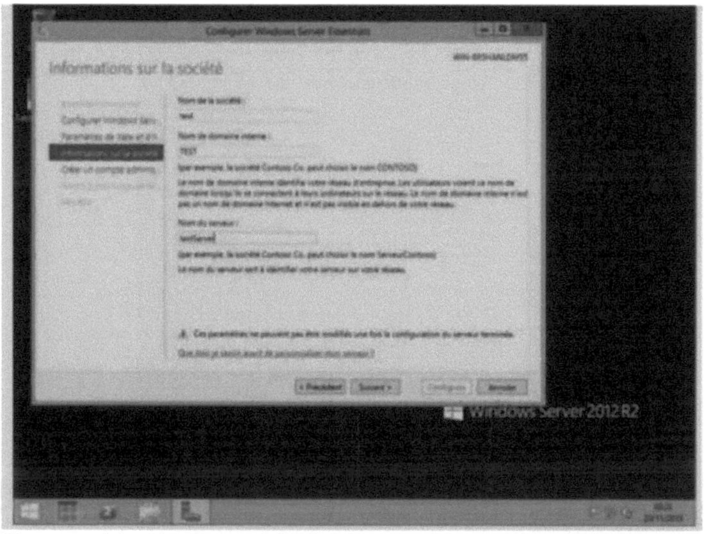

Em seguida, é necessário fornecer a conta de administrador e a palavra-passe.

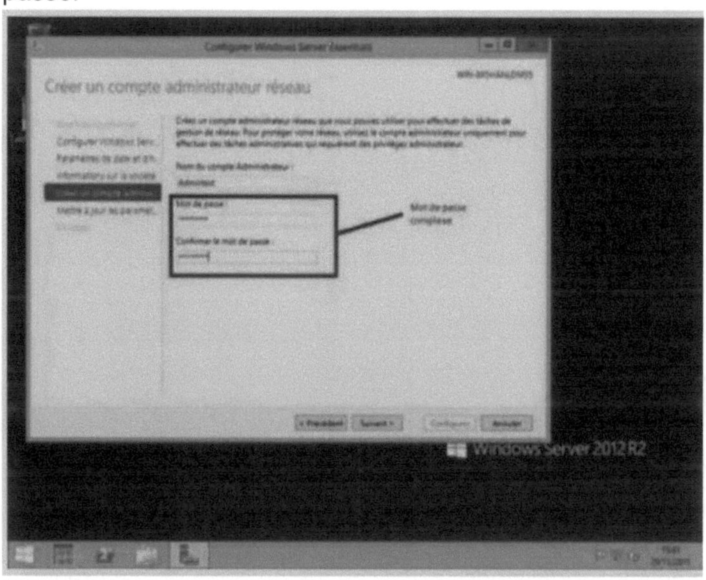

No que diz respeito à opção de atualização, é melhor utilizar as definições recomendadas.

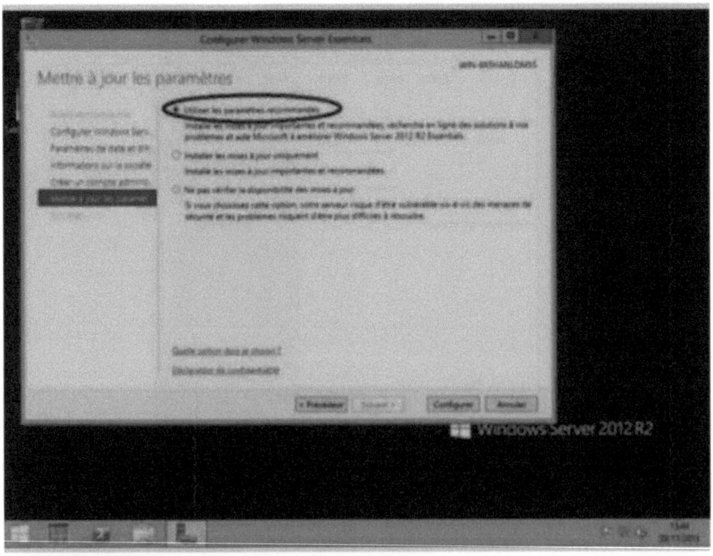

A configuração está agora concluída.

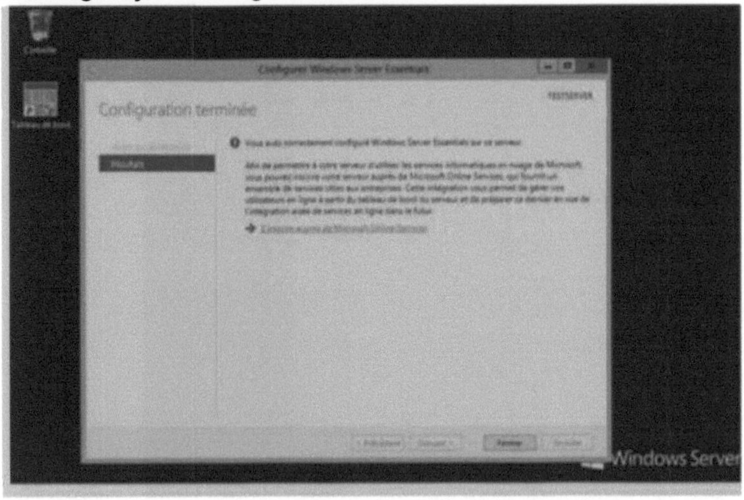

Nesta fase, foram criados cinco diretórios. Estes são :

1. C:/Pastas do servidor/Redireccionamento de dados
2. C:/Pastas do servidor/Histórico dos ficheiros de cópia de segurança
3. C:/Pastas do servidor/Cópia de segurança do computador do cliente
4. C:/Pastas do servidor/Empresa
5. C:/Pastas do servidor/utilizadores

Recomenda-se que crie um ponto de controlo aqui para ter uma imagem do sistema com cópia de segurança. No caso de uma VM (Máquina

Virtual), pode utilizar um instantâneo.

SEGUNDA PARTE DA CONFIGURAÇÃO

É aqui que ocorre a configuração efectiva do servidor do Windows Essentials. E a Microsoft criou um painel de controlo que agrupa as várias tarefas de administração:

- Criar uma conta.
- Partilhar uma pasta.

. Ligar um PC.

. Configurar a cópia de segurança do servidor.

CRIAR UMA CONTA

Para criar uma conta de utilizador, é necessário :

. Abra o painel de controlo e selecione "adicionar contas de utilizador".

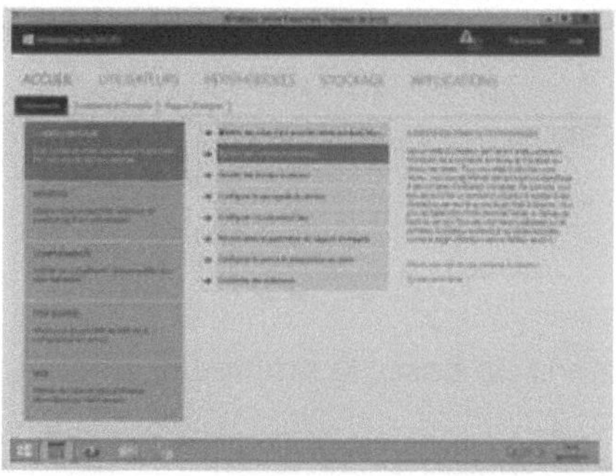

Introduzir informações do utilizador.

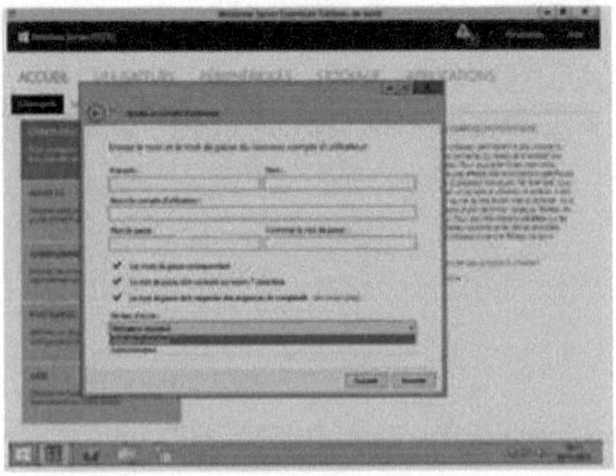

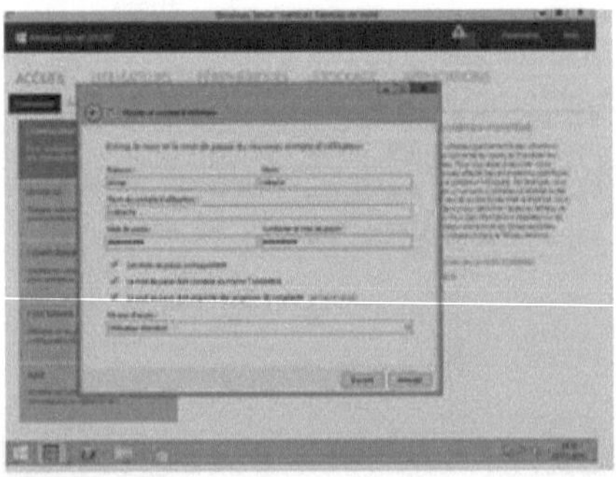

Selecionar o nível de acesso ao diretório de base da empresa.

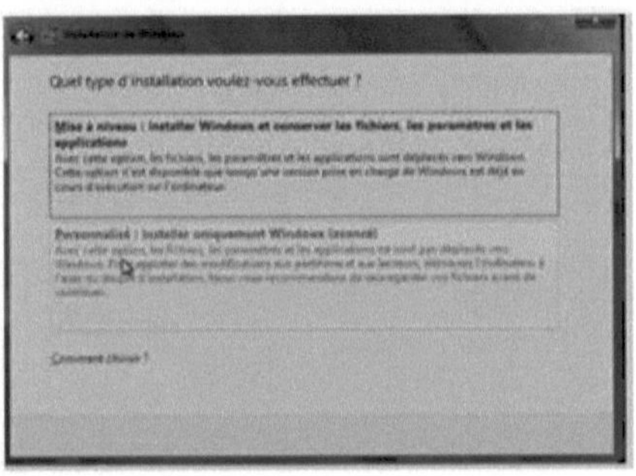

Ativar o acesso à rede do servidor.

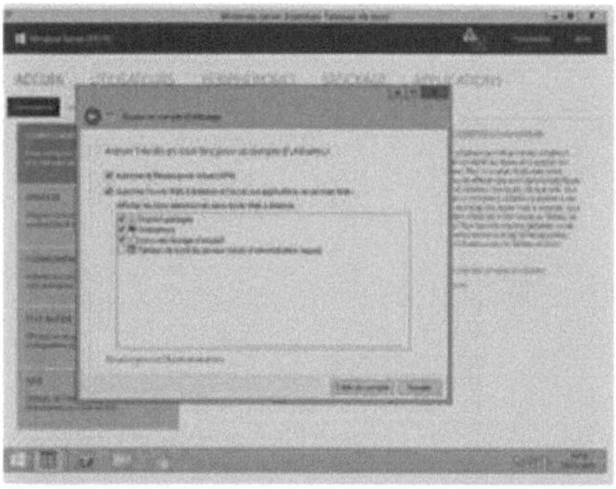

A conta está agora corretamente configurada.

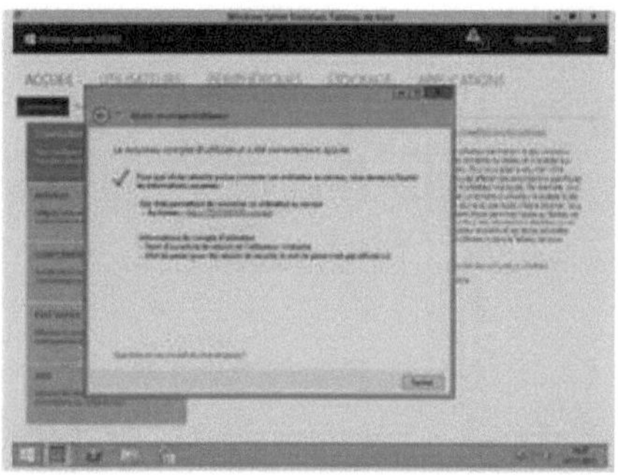

CÓPIA DE SEGURANÇA DOS DADOS

A ideia é voltar ao painel de controlo e :

Iniciar a configuração da cópia de segurança clicando no botão é mostrado abaixo.

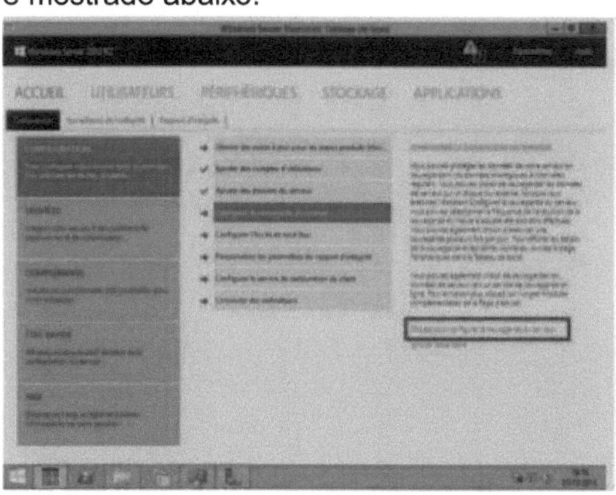

O assistente de configuração é carregado.

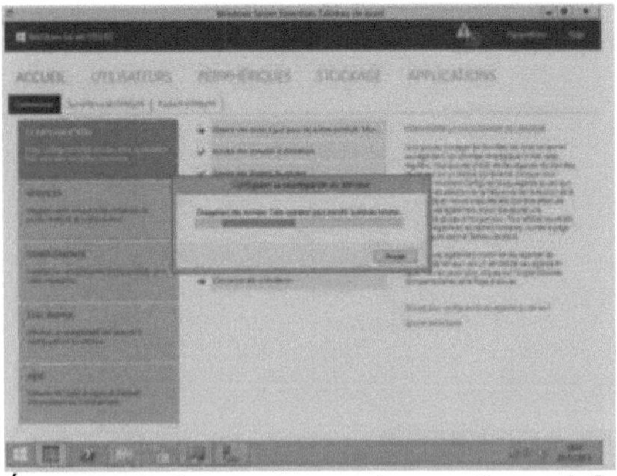

É apresentado um resumo das acções a definir.

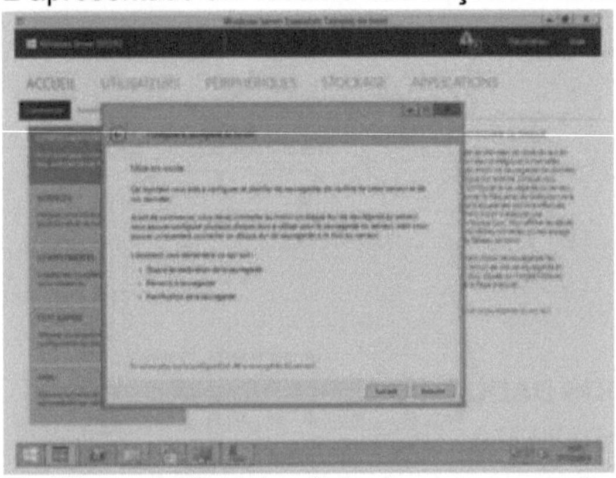

Escolha o destino da cópia de segurança: Qa pode ser um disco externo ligado ao servidor.

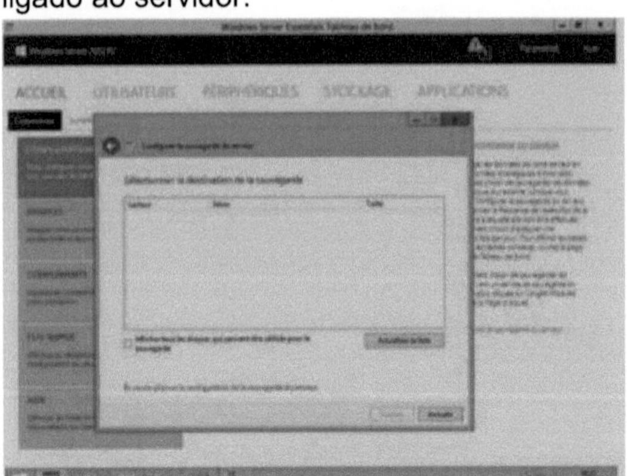

O disco será particionado

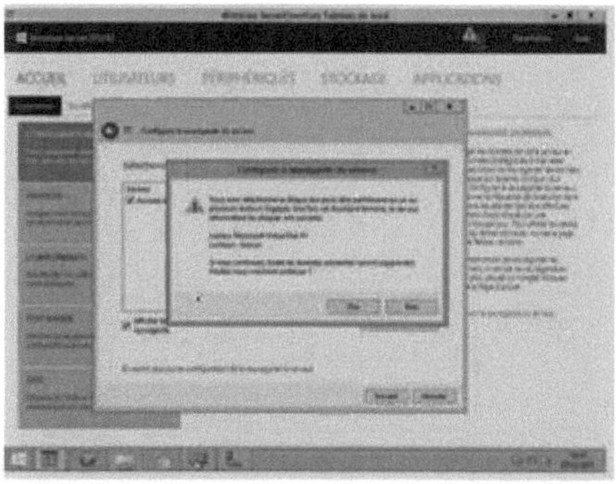

Dar um nome ao disco quando a preparação estiver concluída.

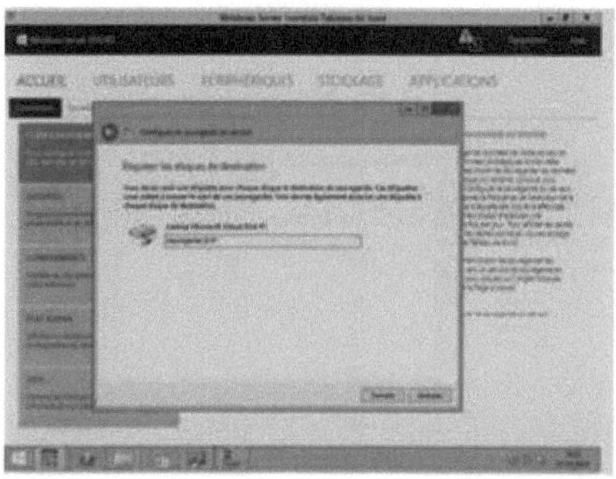

Definição de planeamento de cópias de segurança.

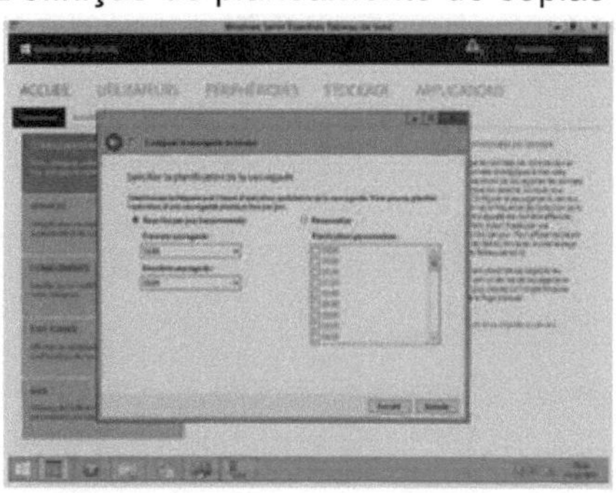

Selecionar os itens a guardar.

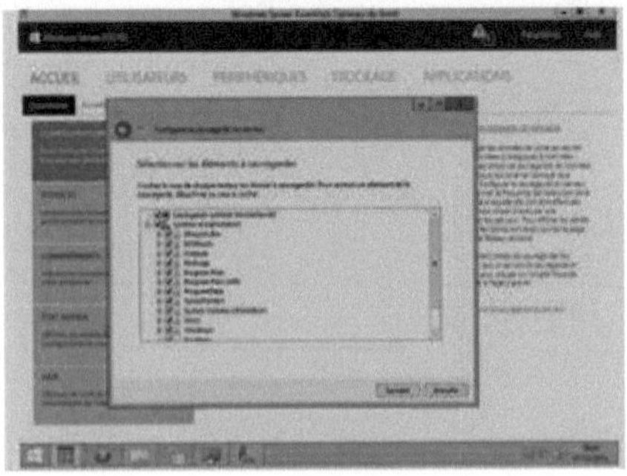

Aplicar as definições e iniciar a configuração.

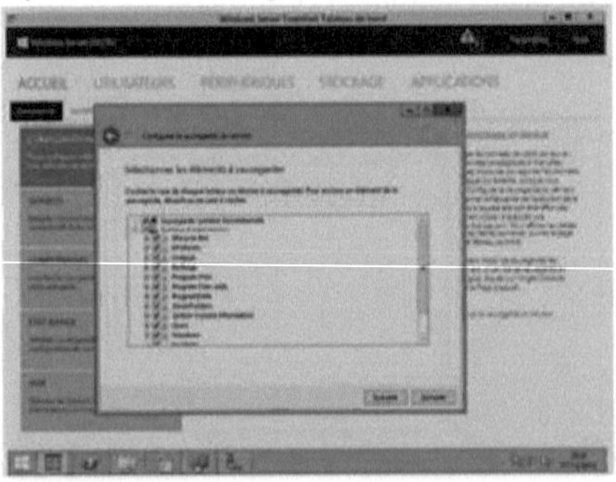

A configuração da cópia de segurança está concluída.

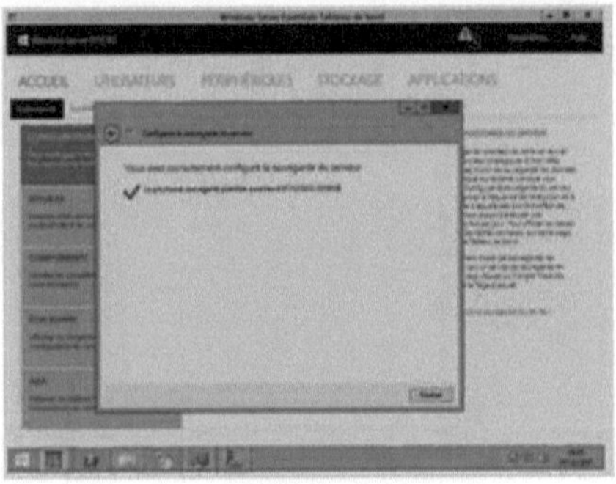

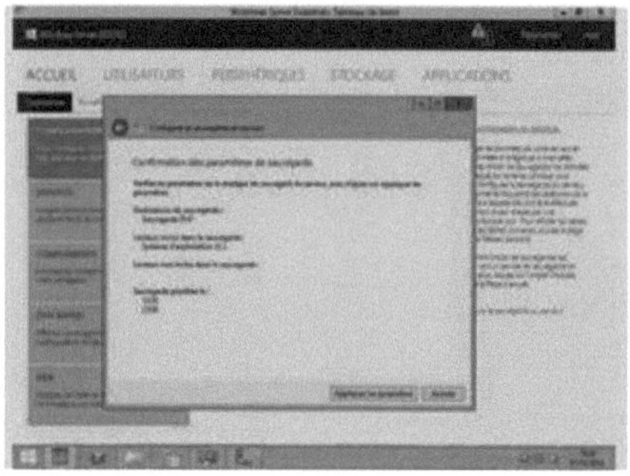

CRIAR UMA PARTILHA DE REDE

Uma vez no painel de controlo do servidor :

Carregue o assistente clicando em "configurar acesso em qualquer lugar".

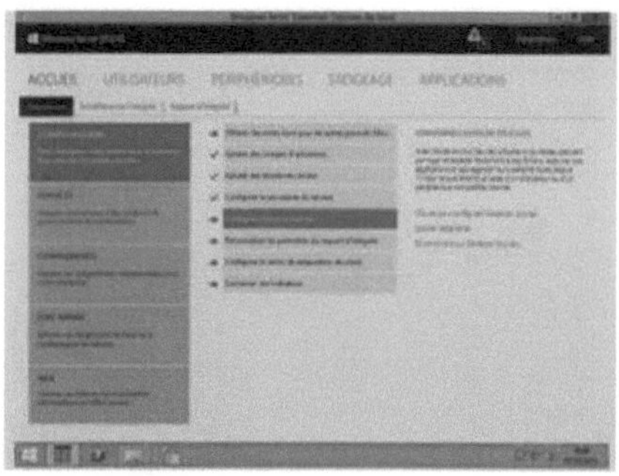

Abrir o assistente.

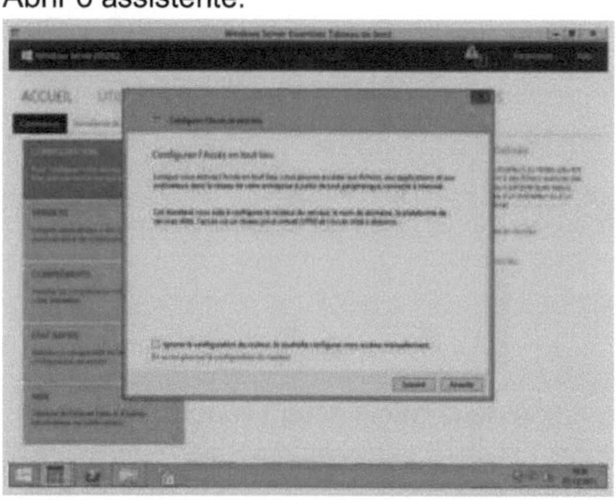

Escolha uma opção para configurar o domínio: Existem duas opções possíveis, e recomendamos que escolha a opção 2e, uma vez que é gratuita e não requer a compra de um certificado.

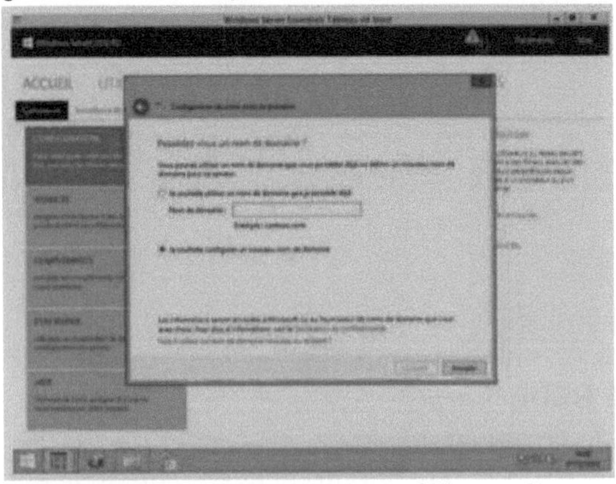

Inicie sessão com a sua conta Microsoft.

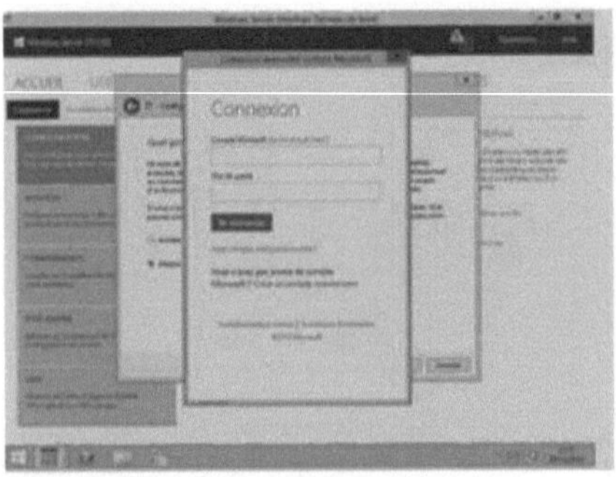

Criar o seu nome de domínio.

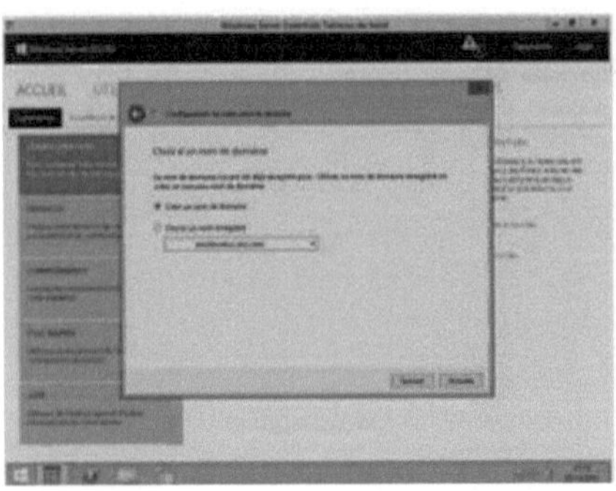

Aguarde até que o registo do nome de domínio esteja concluído.

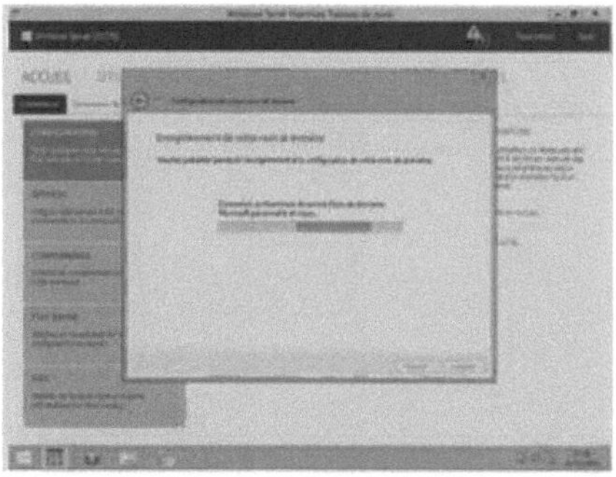

O domínio está configurado.

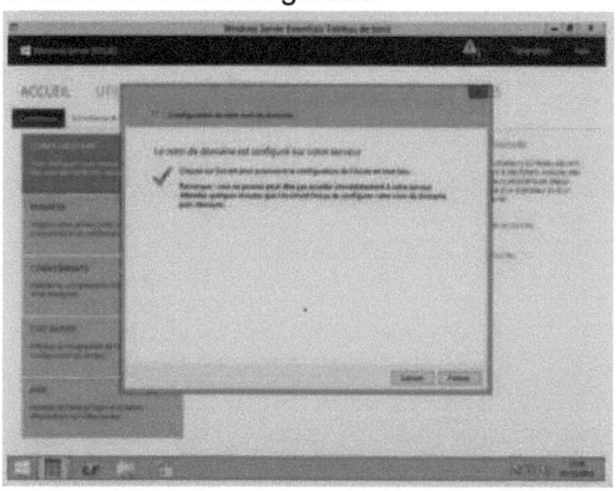

Ativar as funções de acesso em qualquer lugar.

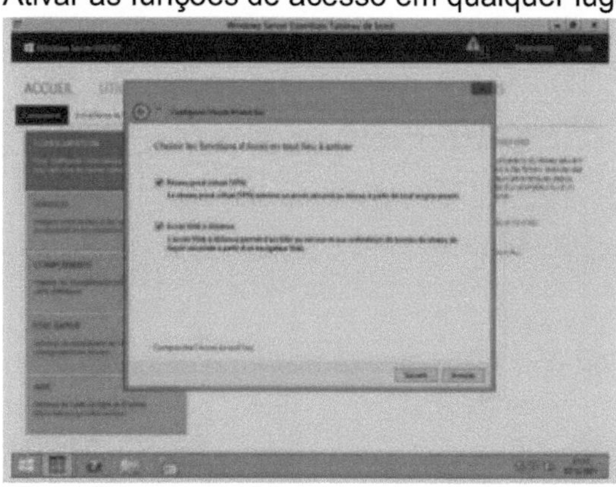

Autorizar este acesso.

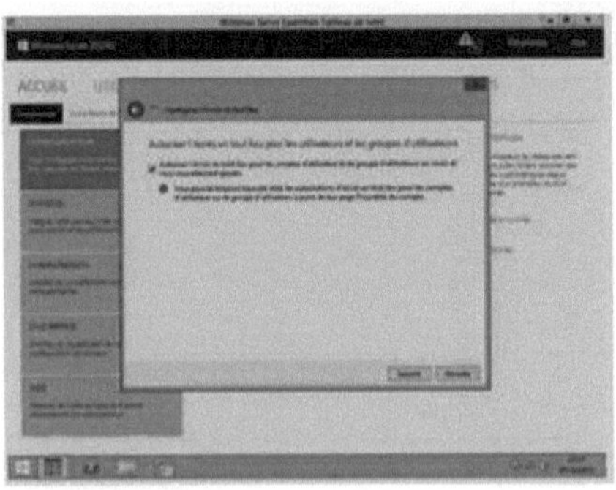

Continuar a configurar os novos parâmetros.

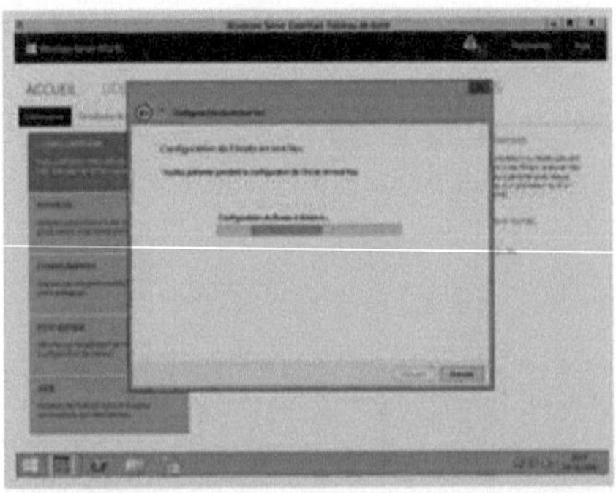

Autorizar a publicação do servidor na firewall da rede.

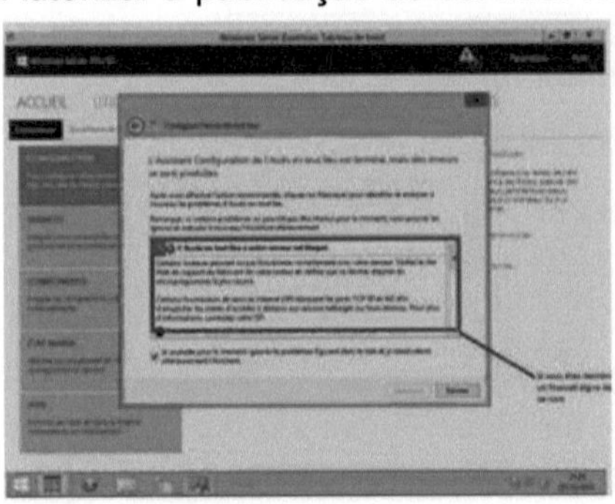

Quando a configuração estiver concluída, aceda ao seu navegador Web e introduza o endereço que configurou (domainname.remotewebacess.com).

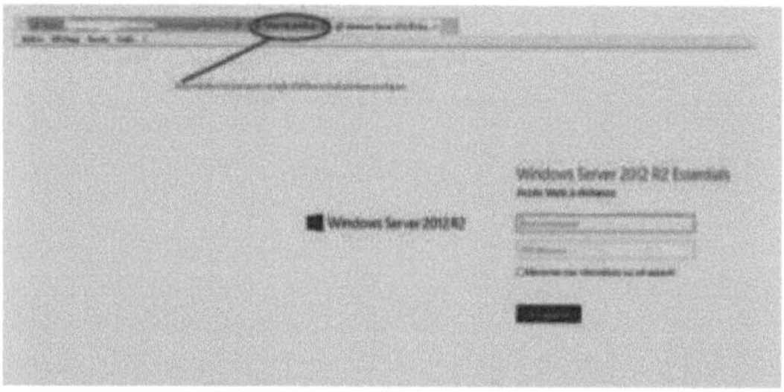

Uma vez iniciada a sessão, será encaminhado para a sua interface.

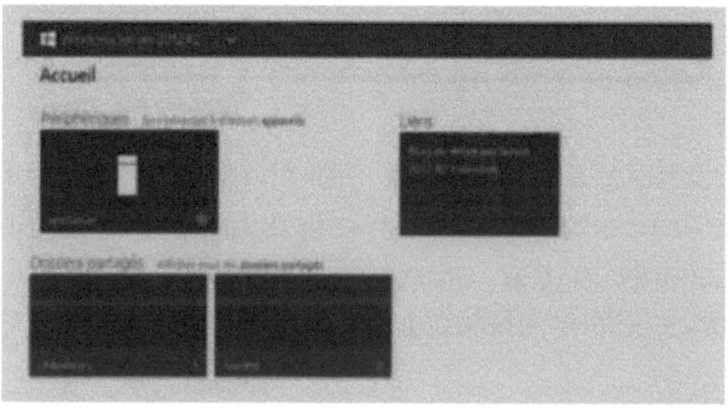

IV.12.PARTILHA DE DADOS DA BIBLIOTECA DIGITAL

O espaço de armazenamento 'Drive' facilita a partilha de recursos com um ou mais utilizadores, dentro ou fora da escola. Estão disponíveis 4 tipos de partilha:

. **Ligação de descarregamento**: uma alternativa aos incómodos "anexos" ou ao serviço "filex

. **Enviar ligação**: uma forma de os seus correspondentes carregarem ficheiros para uma das suas pastas.

• **Partilhar com um utilizador**: um espaço partilhado com um utilizador.

Um equivalente a "diretórios partilhados".

• **Partilhar com um grupo**: um espaço partilhado com um grupo de utilizadores, criado no seu espaço de armazenamento "Drive".

Pode ver, modificar ou apagar todas as suas partilhas e ligações na página.

a partir da página inicial do seu espaço Drive, na rubrica [As minhas acções] (localizada na faixa à esquerda do seu espaço).

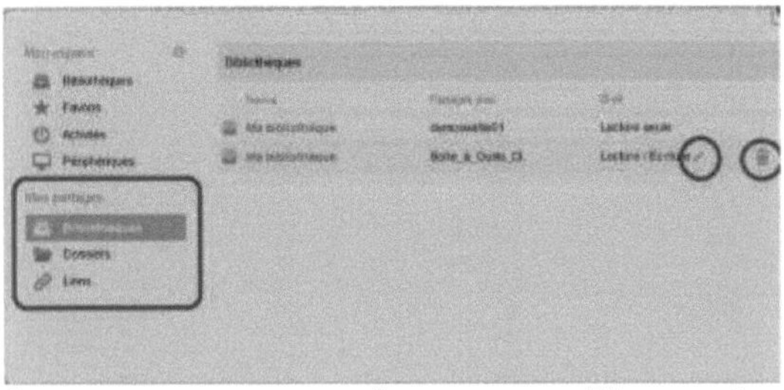

Ao passar o cursor sobre uma partilha, pode :

. modificar os direitos associados (ícone da caneta)

- eliminar esta partilha (ícone do caixote do lixo).

DESCARREGAR LIGAÇÃO

Uma ligação de descarregamento aponta para um ficheiro, pasta ou biblioteca e permite a qualquer pessoa que tenha a ligação descarregar o seu conteúdo. É o equivalente a um 'anexo' numa mensagem de correio eletrónico, como o serviço 'filex' oferecido na ENT.

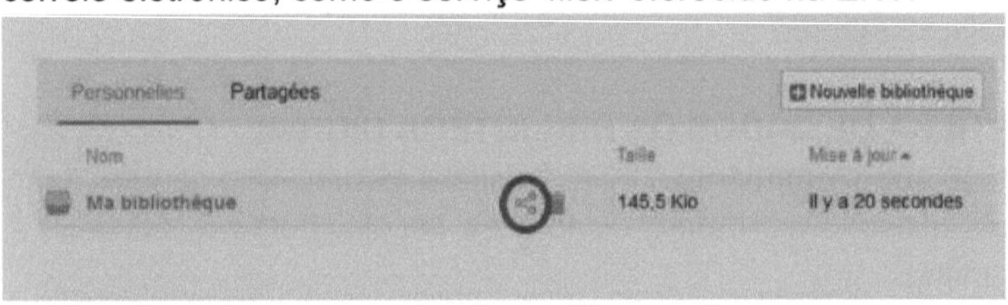

1. Escolha o item que pretende partilhar e clique em o ícone de partilha.

2. Abre-se uma nova janela. Clique no botão [**Transferir ligação**]. Pode então optar por adicionar uma palavra-passe e/ou uma data de "expiração" à partilha. Clique no botão o botão botão**Botão [Gerar]**.

Pode então enviar a ligação de partilha aos utilizadores em causa utilizando o botão [**Enviar**] ou o seu software de correio eletrónico (copiando a ligação apresentada na interface).

Nota: Pode [**Eliminar**] a ligação gerada em qualquer altura. A partilha ficará então inativa e ninguém poderá aceder ao seu conteúdo. Se desejar, pode gerar uma nova ligação de partilha numa data posterior.

3. (Opcional) Se definir uma palavra-passe, clicar no ícone [**Varinha mágica**] gera automaticamente uma palavra-passe.

4. (Opcional) Recomendamos que especifique o número de dias durante os quais a ligação permanecerá ativa. Uma vez decorrido este período, a ligação será automaticamente desactivada e ninguém poderá descarregar o recurso anexado.

LINK DE ENVIO

Uma ligação de envio aponta para uma pasta ou uma biblioteca e permite que qualquer proprietário desta ligação envie ficheiros para a mesma.

Exemplo: Sou professor e peço aos meus alunos que me enviem um ficheiro. Crio uma pasta no meu espaço do Drive e gero uma ligação de carregamento. Envio-lhes esta ligação por correio eletrónico. Ao clicar nesta ligação, cada um deles pode carregar o seu ficheiro, sem ver o que os outros carregaram.

O procedimento para gerar uma ligação de envio é bastante semelhante ao de uma ligação de descarregamento:

Selecione a pasta ou biblioteca => Ícone [**Partilhar**] ==> Botão [**Enviar ligação**] ==> Adicione uma palavra-passe, se necessário ==> Botão [**Gerar**] => Botão [**Enviar**] (ou envie o endereço da ligação utilizando o seu próprio software de correio eletrónico).

PARTILHAR COM UM UTILIZADOR

A partilha com um utilizador permite-lhe partilhar uma ou mais bibliotecas ou pastas com um utilizador **que já tenha ligado** ao seu espaço de armazenamento do Drive. Isto é o equivalente a um "diretório partilhado".

Este utilizador terá então acesso ao conteúdo da partilha e poderá carregar ficheiros e modificá-los se lhe der direitos de "**Leitura/Escrita**".

Para partilhar uma biblioteca ou pasta com um utilizador, basta seguir os passos abaixo:

Selecionar a pasta ou biblioteca ==> Ícone [**Partilhar**] ==> Botão [**Partilhar com o utilizador**] ==> Procurar o utilizador (utilizando a totalidade ou parte do seu nome ou endereço de correio eletrónico) ==> Escolher os direitos atribuídos à partilha ==> Botão [**Submeter**].

PARTILHAR COM UM GRUPO

A partilha com um grupo permite-lhe partilhar uma ou mais bibliotecas ou pastas com membros de um grupo que tenha sido criado previamente no seu espaço Drive. O procedimento é muito semelhante ao descrito na secção sobre a partilha com um utilizador:

Selecionar a pasta ou biblioteca ==> Ícone [**Partilhar**] ==> Botão [**Partilhar com um grupo**] ==> Procurar o grupo (utilizando todo ou parte do seu nome) ==> Selecionar os direitos atribuídos à partilha ==> Botão [**Submeter**].

CAPÍTULO V

REDES SOCIAIS

V .1. DEFINIÇÕES DE CONCEITOS

V .1.1.REDE SOCIAL

Uma rede social é um sítio Web que permite aos utilizadores da Internet criar uma página pessoal para partilhar e trocar informações, fotografias ou vídeos com a sua comunidade de amigos e conhecidos.

V .1.2.IDENTIDADE DIGITAL

A ID digital é uma tecnologia fundamental que simplifica e protege o acesso a vários serviços em linha. Permite aos utilizadores ligarem-se a vários sítios sem terem de criar várias contas e palavras-passe.

V .1.3.SEGURANÇA

A segurança das redes sociais envolve **um conjunto de políticas e procedimentos utilizados para proteger as informações, a privacidade e as contas dos utilizadores em vários sítios de redes sociais**. Proporciona segurança contra o assédio em linha, o acesso não autorizado, os ataques de phishing, o malware, as violações de dados e a usurpação de identidade.

V .1.4. CONFIDENCIALIDADE

A confidencialidade numa rede social significa que **os autores de actos de violência não terão acesso aos seus perfis**. Isso não os impedirá de publicar informações sobre si nas suas próprias páginas ou nas de outros.

V .2. TIPOS DE REDES SOCIAIS

É provável que, quando ouve o termo "redes sociais", pense diretamente no Facebook, no Instagram, no LinkedIn ou no Twitter. No entanto, as redes sociais reúnem uma variedade de plataformas sociais diferentes que satisfazem uma vasta gama de necessidades. Cada uma delas oferece oportunidades aos editores de conteúdos e às empresas para aumentarem a sua visibilidade e atingirem os seus objectivos. Compreender a diversidade e a pluralidade das redes sociais ajuda a pôr em prática a melhor estratégia de comunicação e aquisição.

V .2.1. REDES SOCIAIS (FACEBOOK, LINKEDIN E TWITTER _)

As redes sociais mais conhecidas são o Facebook, o Linkedin e o Twitter.

As redes sociais são claramente os meios de comunicação social mais populares entre o público em geral, ou são os primeiros a ser mencionados quando enumeramos os principais tipos de meios de comunicação social. As redes sociais ligam indivíduos, empresas e outras entidades entre si. Incentivam a partilha de conhecimentos e têm como objetivo a interação pessoal entre indivíduos ou com marcas, por exemplo.

Os utilizadores podem partilhar ideias, organizar conteúdos, carregar fotografias e vídeos, formar grupos com base nos seus interesses e participar em debates. São construídos em torno do utilizador e de tudo o que é importante para ele e para os seus "círculos sociais".

As redes sociais permitem às empresas atingir uma série de objectivos:

- Reforçar a sua imagem de marca
- Ganhar visibilidade
- Ligar-se ao seu público-alvo
- Otimizar as relações com os clientes e a conversão
- Criar ligações com pessoas ou empresas

V.2.2.PLATAFORMAS DE PARTILHA DE CONTEÚDOS (INSTAGRAM, YOUTUBE...)

As plataformas de partilha de conteúdos mais conhecidas são o Instagram, o Youtube e o Snapchat.

As redes de partilha de conteúdos são utilizadas para encontrar e partilhar fotografias, vídeos em direto e outros tipos de meios de comunicação na Web. Os conteúdos visuais, como imagens, infografias e ilustrações, captam mais facilmente a atenção, a imaginação e a emoção do que outros meios de comunicação social. Plataformas de redes sociais como o Instagram, o Imgur e o Snapchat foram concebidas para ampliar o poder da partilha de imagens. Os utilizadores criam, organizam e partilham imagens únicas que suscitam conversas.

Uma imagem vale mais do que mil palavras para a sua empresa. Oferecem aos indivíduos e às marcas um local para descobrir e partilhar meios de comunicação social, para que os públicos-alvo possam ser envolvidos e convertidos de uma forma convincente e orientada para os resultados. Atualmente, as redes sociais também oferecem estas funcionalidades.

As plataformas de partilha de conteúdos permitem às empresas atingir uma série de objectivos:

- Ganhar visibilidade
- Criar emoção e empenho
- Melhorar o conteúdo da marca
- Gerar contactos
- Reforçar a sua imagem de marca

REDES SOCIAIS DE BOOKMAKING E CURADORIA

As redes sociais de criação de livros e de curadoria são o Pinterest e o Flipboard.

As redes de bookmarking e de curadoria ajudam as pessoas a descobrir, guardar e partilhar conteúdos de qualidade. São os canais preferidos para ideias, notícias, questões de atualidade e tendências actuais. São muito úteis para conhecer a notoriedade da marca da sua empresa e os conteúdos que produz. Além disso, escolhê-las para realizar diferentes tipos de campanhas de marketing nas redes sociais ajudá-lo-á a gerar tráfego no sítio Web e envolvimento dos clientes. Se quiser lançar campanhas criativas que possam não só informar o seu público, mas também atraí-lo, esta é a melhor solução.

Para lançar uma campanha de redes sociais no Pinterest, é necessário um sítio compatível com os marcadores. É necessário otimizar os títulos e as imagens dos feeds que as redes de bookmarking e de curadoria de conteúdos utilizam para aceder e partilhar os seus conteúdos. O Flipboard permite-lhe criar a sua própria revista Flipboard utilizando os conteúdos mais atraentes, podendo depois apresentá-los ao seu público.

As redes de bookmarking e de curadoria permitem às empresas atingir uma série de objectivos:

. Distribuir conteúdos de qualidade

. Melhorar o conteúdo visual da marca

- Gerar tráfego
- Criar envolvimento com a sua marca
- Monitorização ativa

V.3.FUNÇÕES

As redes sociais surgiram muito depois do advento dos sítios Web e do correio eletrónico, para permitir aos utilizadores partilhar fotografias/vídeos, memórias e ainda mais histórias e opiniões com todas as pessoas que conhecem em simultâneo (mensagem de grupo) a distâncias incomensuráveis (além-fronteiras). Formam assim comunidades que comunicam e trocam informações escritas e audiovisuais.

Basta um cêntimo para obter uma ligação de dados e poder comunicar com um amigo ou familiar há muito desaparecido, ou fechar um negócio .

Mais além, as redes sociais não são apenas uma forma de comunicação sustentável (comunicar constantemente com alguém que está a milhares de quilómetros de distância), são também uma forma de marketing e vendas. Vamos falar de grupos de vendas e páginas de negócios para empresas.

V.4.BENEFÍCIOS

A razão pela qual as redes sociais estão a atrair tanta atenção é o facto de serem a chave da comunicação na nossa sociedade, independentemente da idade. É uma revolução virtual que estamos a ver crescer há mais de vinte anos. Eis as principais **vantagens das redes sociais**:

❖ Solidariedade

Em primeiro lugar, e não menos importante, as redes sociais são um excelente meio para **desenvolver a solidariedade**, quer se trate de publicar uma recomendação, de procurar pessoas, de causas humanitárias ou de encontrar bons negócios.

❖ Combater o isolamento

Cada vez mais pessoas se sentem sozinhas numa sociedade individualista. Estas plataformas de intercâmbio social permitem que as pessoas solitárias restabeleçam contactos com a família e os amigos, ou **criem amizades virtuais** que podem levar a encontros reais.

Para empresas

O desenvolvimento desta rede é uma dádiva de Deus para divulgar a sua pequena empresa. Pode publicitar a sua empresa gratuitamente ou a baixo custo. Por apenas alguns euros por dia, pode **impulsionar as suas publicações**, direcionando-as para o seu público. O que não é nada mau, tendo em conta a dificuldade de encontrar clientes.

❖ Intercâmbio profissional

Já vimos que o LinkedIn é a **rede social** mais adequada para quem procura emprego. Com a possibilidade de criar o seu CV em linha e de o distribuir a potenciais empregadores, o LinkedIn é considerado a rede mais profissional. Para além de estar registada no Pole emploi e em várias outras plataformas, a rede social LinkedIn será muito útil para entrar em contacto com um empregador.

Também é possível enviar mensagens diretamente (o chamado inmail) com uma subscrição do LinkedIn Premium. O primeiro mês é gratuito para os novos utilizadores. Assim, pode experimentá-lo! Descubra os nossos cursos de formação em linha. L'Ecole Franqaise **é um organismo de formação certificado** que propõe cursos de formação em linha. Estes podem ser financiados por fundos mutualizados de formação profissional.

❖ **Ligação em rede**

Quer seja um autor, artista, artesão, vendedor ou candidato a emprego, não é necessário ir de porta em porta para se dar a conhecer. O trabalho em rede consiste em expandir a sua rede virtual através de publicações que são partilhadas pelos seus contactos. Expandir a sua rede acrescenta valor ao seu negócio.

❖ **Criar uma comunidade**

Tem um talento que quer partilhar com pessoas específicas? Graças às redes sociais, pode rodear-se de pessoas que são como você. Partilhar, criar, distribuir, colaborar e comunicar em torno de um tema num grupo do Facebook. Para o Twitter, é o texto curto ou a imagem que é destacada no grupo, como, por exemplo, a partilha de uma hiperligação ou de uma notícia.

Gerar tráfego para o seu site ou blogue

Uma dica para **aumentar a visibilidade do seu sítio** ou blogue: basta criar uma publicação apelativa que convide os seus contactos a clicar no link e a subscrever a newsletter. Também pode publicar um dos posts do seu blogue nas redes sociais e adicionar um link para o mesmo. Seja sempre ativo, ofereça jogos, por exemplo, a chave é trazer os seus contactos para o seu sítio ou blogue. Em conclusão, as redes sociais são um trunfo importante para a nossa vida social. Tornaram-se o **meio de comunicação** preferido de todos. Ficando em casa, é possível pôr a conversa em dia com velhos amigos, reencontrar a família e fazer novos amigos. A utilização das redes sociais é também comum no mundo profissional, porque desenvolve o networking. Além disso, abre a porta a estudos de mercado.

V.5.DESVANTAGENS

Antes de embarcar na arena das redes sociais, tenha em conta que as suas vantagens também podem ser acompanhadas de desvantagens. Eis apenas algumas delas.

Uma perda de tempo

Já alguma vez entrou no perfil de Facebook de uma empresa e descobriu que não era atualizado há três anos? Isso não o faz sentir-se abandonado? Não deixe que os seus sítios pareçam ervas daninhas num filme de faroeste.

A manutenção de uma rede social - e ainda mais se não for apenas uma, mas várias - exige dedicação. Se quiser que o perfil da sua empresa esteja vivo, que tenha a participação dos utilizadores e que dê a impressão de não estar abandonado, terá de o atualizar frequentemente, alimentá-lo com conteúdos, responder às mensagens dos seus utilizadores... Tudo isto requer tempo e esforço, pelo que terá de avaliar se vale a pena, tendo em conta que ter um perfil e não o cuidar pode ser contraproducente.

❖ **Podem exigir um investimento financeiro**

Para além de exigir tempo e esforço, a pessoa responsável pela gestão das suas redes sociais tem de ser qualificada para o fazer (o seu primo Paco, que acabou de concluir um curso de macramé, pode não ser a pessoa certa). É tão importante ter competências nesta área que, nos últimos anos, surgiu uma nova profissão (community manager), dedicada essencialmente a esta atividade.

Tenha em conta que, se quiser que os seus perfis nas redes sociais não pareçam ser geridos por amadores, poderá ter de meter a mão no bolso.

❖ **Criar conteúdo aborrecido que apenas fala sobre os pontos positivos da sua empresa**

Visitaria com frequência o perfil de uma empresa se ela se limitasse a dizer-lhe repetidamente que é a mais bonita, a mais inteligente e que os seus produtos são os melhores? Ninguém gosta de um narcisista (exceto eles próprios). **Certifique-se de que traz valor aos seus clientes;** lance ofertas, publique conteúdos interessantes (artigos, por exemplo), responda a perguntas, etc.

❖ **Publicidade negativa**

Da mesma forma que as redes sociais lhe podem proporcionar grandes doses de boa publicidade para o seu negócio, saiba que também podem expor os pecados da sua empresa. Para evitar que isso aconteça, pode fazer duas coisas: 1) Prestar sempre o melhor serviço possível (o que fará com que os seus clientes não tenham motivos para falar mal da sua empresa) e 2) Tratar bem as reclamações dos seus clientes, dando uma resolução ou resposta satisfatória que as transforme em elogios.

❖ **Os seus problemas serão mais visíveis**

Se aceitar todo o tipo de comentários nos seus perfis nas redes sociais, ou mesmo se os utilizar para responder a questões e reclamações, estes ficarão muito mais expostos ao mundo. Não se esqueça, e se decidir fazê-lo, dê o seu melhor para que os seus utilizadores e potenciais clientes vejam que sabe como resolver problemas.

❖ **Expor-se aos trolls**

Mesmo que dê aos seus utilizadores a melhor resposta possível, por vezes irá deparar-se com pessoas que não são seus clientes, mas que simplesmente se querem divertir à sua custa. Estes são os famosos "trolls" da Internet. Em alguns círculos, diz-se que "se tens um troll, tens um tesouro", mas isso é muito mais improvável no mundo dos negócios, pelo que terá de aprender a lidar com eles.

- **Podes meter-te em sarilhos por extorsão**

Por muito irritantes que possam ser, os trolls não são a pior coisa que nos pode acontecer nas redes sociais. Embora não seja muito comum nos dias de hoje, já aconteceu no passado e continua a acontecer atualmente; algumas empresas foram vítimas de extorsão por parte de clientes - e até de não clientes - pedindo todo o tipo de benefícios (descontos, brindes e até algum dinheiro) em troca de não publicarem comentários negativos nas redes sociais. Espero que nunca tenhas de passar por isso!

- **Poderá ter problemas de confidencialidade ou segurança**

Em alguns casos, as redes sociais podem ser uma porta aberta para informações sobre a sua empresa ou os seus clientes que deveria manter bem escondidas. Tenha cuidado, pois pode meter-se em sérios problemas.

- **Os concorrentes podem estudá-lo**

Tal como no nosso artigo sobre as vantagens das redes sociais para as empresas lhe dissemos que eram uma boa forma de conhecer a concorrência, deve imaginar que a concorrência também tem olhos e pode utilizá-las para o mesmo fim. Para fazer melhor do que eles...

Aqui estão apenas algumas das desvantagens que as redes sociais podem apresentar para as empresas. Algumas delas podem ser evitadas, mas tenha em conta que não pode controlar tudo o que acontece na Internet, pelo que outras serão inevitáveis e poderá mesmo ter de lidar com elas se não tiver um perfil ou um sítio nas redes sociais. De qualquer forma, boa sorte!

V.6. QUESTÕES DE SEGURANÇA DA REDE

Os atacantes utilizam frequentemente contas de redes sociais durante a fase de reconhecimento de um ataque de engenharia social ou de phishing. As redes sociais podem fornecer aos atacantes uma plataforma para se fazerem passar por indivíduos e marcas de confiança e obterem as informações de que necessitam para efetuar outros ataques, incluindo engenharia social e phishing.

V.6.1.DOU RISCOS NAS REDES SOCIAIS?

Os métodos utilizados por um atacante dependem da plataforma de rede social visada.

O Facebook permite que os utilizadores mantenham as suas imagens e comentários privados, pelo que um atacante irá frequentemente fazer amizade com os amigos de um utilizador alvo ou enviar um pedido de amizade diretamente a um utilizador alvo para aceder às suas mensagens.
Se um atacante conseguir ligar-se a vários amigos do utilizador alvo, é mais provável que este último aceite o pedido de amizade, dependendo do número de amigos ligados.
O LinkedIn é outro alvo comum das redes sociais. O LinkedIn é conhecido pelas suas redes empresariais e as redes dos utilizadores estão normalmente repletas de colegas e outros funcionários da mesma organização.
Se um atacante estiver a visar uma empresa, o LinkedIn é um excelente site de rede social para recolher e-mails profissionais para um ataque de phishing. Uma grande empresa pode ter vários empregados ligados em rede que indicam o seu empregador e o seu título.
Um atacante pode utilizar estas informações públicas para encontrar vários empregados que tenham acesso a informações financeiras, dados privados de clientes ou acesso à rede com privilégios elevados.
A recolha de informações para roubar dados não é a única razão para utilizar as redes sociais para fins de reconhecimento. As informações publicadas nas redes sociais podem ser utilizadas para obter palavras-passe ou fazer-se passar por utilizadores profissionais.
Muitas contas em linha permitem que os utilizadores redefinam a sua palavra-passe se introduzirem uma pergunta de segurança. Com informações suficientes das publicações nas redes sociais, um atacante pode adivinhar a resposta a estas perguntas de segurança com base nas informações privadas publicadas por um utilizador-alvo.
A falsificação de marcas é outra ameaça colocada pelas redes sociais.
Com informações suficientes reunidas, um atacante pode fazer-se passar por uma marca comercial para enganar os utilizadores e levá-los a enviar dinheiro, divulgar informações privadas ou fornecer credenciais de conta.
Os atacantes também utilizam esta ameaça para efetuar ataques de cross-site scripting (XSS) ou de cross-site request forgery (CSRF). Estes ataques podem conduzir a violações de dados mais maciças e ao comprometimento de infra-estruturas comerciais.

O QUE É UMA AMEAÇA NAS REDES SOCIAIS?

Uma vez que muitas plataformas de redes sociais apresentam

publicamente as mensagens dos utilizadores, os atacantes podem recolher dados silenciosamente sem o conhecimento dos utilizadores. Alguns atacantes vão mais longe e obtêm acesso às informações dos utilizadores contactando os utilizadores-alvo ou os seus amigos.
A forma como um atacante implementa uma ameaça nas redes sociais depende dos seus objectivos.
Se um atacante estiver à procura de uma recompensa de alto risco, a melhor forma de obter rapidamente uma recompensa monetária pelos seus esforços é visar empresas. Um atacante pode começar por consultar o LinkedIn para obter uma lista de possíveis alvos. Os alvos podem ser uma mistura de funcionários de alto nível da empresa e utilizadores com poucos privilégios que podem ser enganados para enviar dados adicionais da empresa ou cair num ataque de phishing que dá ao atacante acesso às credenciais da conta.
Armado com uma lista de alvos, um atacante pode então examinar as contas das redes sociais em busca de informações pessoais. As informações pessoais podem ajudar o atacante a ganhar a confiança do alvo num ataque de engenharia social. Podem também ser utilizadas para adivinhar as respostas a perguntas de segurança, de modo a assumir o controlo da conta ou a aproximar-se de um utilizador com mais privilégios. Os nomes de animais de estimação, as equipas desportivas favoritas e o historial de estudos são pistas potenciais para as palavras-passe ou para as respostas a perguntas utilizadas para verificar a identidade do utilizador a fim de repor uma palavra-passe.
Depois de o atacante ter reunido todos os dados necessários, o passo seguinte é lançar o ataque. Um atacante pode utilizar um dos seguintes métodos:
. **Engenharia social.** Um atacante pode telefonar aos empregados para os incitar a enviar dados privados, provar a sua identidade ou pagar-lhe dinheiro. No caso de um ataque complexo, o atacante pode fazer-se passar por um executivo de alto nível para enganar o utilizador-alvo e levá-lo a transferir dinheiro para a conta do atacante.
. **Phishing.** Um atacante pode utilizar informações recolhidas nas redes sociais para se fazer passar pelo remetente de uma mensagem de correio eletrónico e enganar os utilizadores para que cliquem em ligações ou enviem dados privados para o atacante. O endereço de correio eletrónico de um funcionário de alto nível pode ser falsificado por uma mensagem que pede ao destinatário para enviar dinheiro, clicar numa ligação maliciosa ou responder com dados sensíveis.

- **Roubo de identidade da marca.** Ao utilizar os nomes dos empregados de uma marca, o atacante pode induzir os clientes a acreditar que os pedidos provêm da marca legítima. Isto pode ser utilizado para induzir os utilizadores a revelar informações pessoais ou credenciais de conta.
- **Compromisso do sítio e roubo de dados.** Com informações suficientes das redes sociais, um atacante pode escrever malware direcionado explicitamente para a empresa ou realizar um ataque para obter acesso à rede interna, onde o atacante pode então exfiltrar dados.
- **Propagação de malware.** Tal como acontece com o roubo de identidade, um hacker pode criar domínios e sítios Web que fingem ser a empresa legítima e enganar os utilizadores para que descarreguem malware ou forneçam credenciais.
- **Fuga de dados.** Se um pirata informático obtiver acesso às credenciais de uma conta, isso pode levar a uma grande violação dos dados da empresa.

Dado que existem várias plataformas de redes sociais na Internet, um hacker pode praticar engenharia social e phishing utilizando uma variedade de métodos de ameaça. Não existe uma ameaça única para um atacante nas redes sociais.

Mas o reconhecimento e a investigação de base com recurso às redes sociais são os mesmos. Qualquer informação pública em contas de redes sociais privadas ou profissionais pode ser utilizada para outros ataques.

PROTEGER-SE DOS RISCOS NAS REDES SOCIAIS

A maioria das ameaças nas redes sociais provém de funcionários que divulgam publicamente demasiada informação privada e profissional. Como estas contas são pessoais, as empresas não podem impedir os utilizadores de estarem presentes nas redes sociais. Mas podem educar os utilizadores sobre as melhores formas de proteger os seus dados e os seus identificadores.

A educação é essencial para acabar com os riscos nas redes sociais. Os indivíduos podem educar-se a si próprios, mas as empresas precisam de criar programas de formação para todos os empregados, para que possam detetar e prevenir a engenharia social e o phishing.

O primeiro passo é sensibilizar os utilizadores para os perigos de revelar demasiada informação online ao público. Mesmo as contas de redes sociais definidas como privadas podem ser utilizadas como parte de um ataque se o atacante tiver acesso a feeds privados.

Os utilizadores nunca devem publicar informações privadas da empresa nas suas contas de redes sociais ou informações que possam ser utilizadas como parte de uma aquisição da conta.
Algumas organizações distribuem dispositivos móveis e permitem que os utilizadores instalem aplicações de redes sociais. Estas empresas devem fornecer uma política de utilização aceitável que determine o que os utilizadores podem publicar utilizando os dispositivos da empresa.
É também essencial proteger estes dispositivos contra malware para evitar que as contas das redes sociais da empresa sejam pirateadas.
O software de limpeza remota deve ser instalado se um funcionário perder fisicamente o seu dispositivo ou se este for roubado.

V .7. CRIAÇÃO DE UMA PLATAFORMA(GRUPO)

Designaremos por plataforma Whatsupps ou grupo Whatsupps.

V .7.1.INICIAR UM GRUPO WHATSAPP: PRIMEIROS PASSOS

A nossa era cada vez mais digital está a promover novas formas de estabelecer ligações através de aplicações de mensagens instantâneas, e o WhatsApp não é exceção.
Graças aos seus grupos extremamente populares, a partilha de ideias e a comunicação nunca foram tão fáceis.

V .7.2.A CRESCENTE POPULARIDADE DOS GRUPOS WHATSAPP

No mundo moderno, o WhatsApp tem um charme único, combinando as vantagens de uma aplicação de mensagens com o estilo organizacional dos grupos.

V .7.3.VANTAGENS DOS GRUPOS DE WHATSAPP

- Os grupos do WhatsApp são muito mais do que simples salas de conversação. Com restrições de membros, capacidades alargadas, partilha de fotografias e mensagens, oferecem uma comunicação poderosa e prática.

V.7.4.A IMPORTÂNCIA DE UMA GESTÃO DE GRUPO EFICAZ

- Os novos grupos prosperam com uma orientação adequada, ordem e etiqueta do utilizador. Aprender a criar e gerir grupos do WhatsApp ajuda a reforçar os laços sociais e incentiva o aparecimento de uma comunidade online.

V.7.5.PROCESSO DE CRIAÇÃO DE GRUPOS DO WHATSAPP

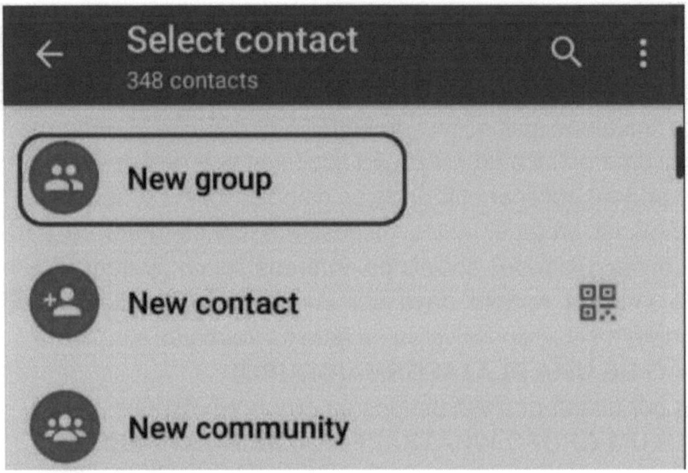

- Passo 1: Abra o WhatsApp.
- Passo 2: Aceder ao menu Cats.
- Passo 3: Criar um novo grupo.
- Passo 4: Selecione os contactos.
- Passo 5: Adicione detalhes e crie o grupo.

V.7.6.PASSOS A SEGUIR ANTES DE CRIAR O SEU GRUPO WHATSAPP

Antes de começar a criar a sua comunidade WhatsApp, certifique-se de que segue estes passos essenciais para garantir o sucesso do seu grupo:

1. Verificar a compatibilidade: Verifique as definições do seu dispositivo e confirme se a versão do WhatsApp está actualizada.
2. Cópia de segurança dos contactos e do histórico de conversações: Proteja os seus dados fazendo uma cópia de segurança contínua dos seus contactos e conversações na nuvem ou numa plataforma de armazenamento local.
3. Reunir os dados necessários para criar o grupo: Determinar o objetivo do grupo e os tipos de interação desejados, bem como a escolha dos participantes.
4. Definir critérios de adesão: Crie um critério de admissão de membros que ajude a manter a dinâmica do grupo num espírito de colaboração e eficiência.

V.7.7.GERIR O SEU GRUPO WHATSAPP: 3 PASSOS ESSENCIAIS

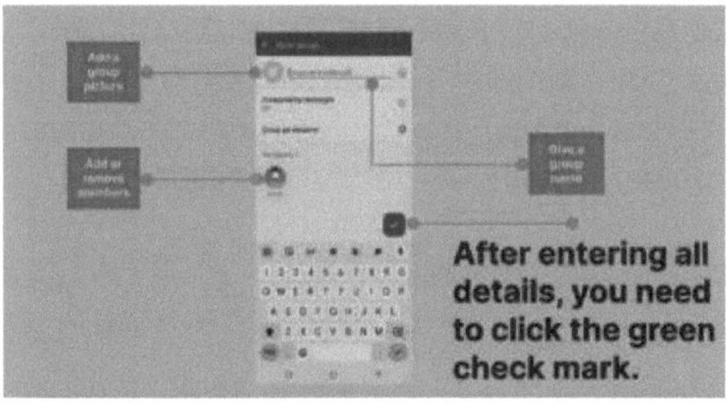

1. **Nome, ícone e descrição do grupo (personalização)**

Encontre o grupo nas suas discussões do WhatsApp, toque nele e selecione "Editar detalhes do grupo".

Introduza um nome claro e descritivo, adicione um ícone memorável e inclua uma breve descrição do grupo para ajudar os novos membros a compreender o seu objetivo.

2. **Definição de autorizações dos membros**

Depois de personalizar a identidade do grupo, aceda a "Definições do grupo" e altere as permissões, se necessário. Estas podem incluir

. Restringir a capacidade de enviar mensagens apenas aos administradores do grupo ou permitir que todos os membros contribuam.

- Conceder ou revogar o direito de modificar as informações do grupo.

3. **Boas-vindas e introdução**

V .7.8.TORNAR O SEU GRUPO WHATSAPP ÚNICO

SABER MAIS SOBRE OS PRIVILÉGIOS DOS MEMBROS

Depois de ter criado o seu grupo, é essencial compreender como é que os membros se envolvem com ele.

O WhatsApp concede aos administradores e aos membros diferentes níveis de privilégios. Os administradores têm controlo total, enquanto os outros membros têm capacidades mais limitadas.

V .7.9. CONFIGURAÇÃO DOS PORMENORES DO GRUPO

Aceda às definições do grupo para alterar nomes, adicionar fotografias ou atualizar descrições. Ao tornar o tema do seu grupo atrativo, é mais provável que os membros se mantenham envolvidos.

V .7.10.ESCOLHER ENTRE PARÂMETROS DE NOTIFICAÇÃO SILENCIOSOS E RUIDOSOS

Personalize as notificações para ajustar o comportamento de alerta, permitindo conversas mais silenciosas e trocas de mensagens mais ruidosas, consoante as preferências dos membros do grupo.

V .7.11.SUGESTÕES PARA GERIR OS PARÂMETROS DO GATO

Organize a sua conversa de grupo ocultando as conversas desorganizadas ou fixando as discussões importantes na parte superior do ecrã. Estas opções podem melhorar a funcionalidade e o envolvimento do grupo.

V .7.12.GESTÃO E COMUNICAÇÃO DOS MEMBROS

V .7.12.1.COMO CONVIDAR OS SEUS CONTACTOS PARA O GRUPO

1. Criar um novo grupo no WhatsApp com um máximo de 1024 participantes.
2. Prima "Novo grupo" no ecrã "Chats".
3. Selecione os contactos que pretende ou procure novos contactos.

V.7.12.2.GUIA PARA ADICIONAR E ELIMINAR MEMBROS DO GRUPO

1. Aceda à página de informações do grupo e prima "Adicionar um participante".
2. Também pode partilhar a ligação do convite de grupo com outras pessoas.
3. Eliminar participantes selecionando "Eliminar um participante".

V.7.12.3.TRATAR CORRECTAMENTE OS PEDIDOS DOS MEMBROS

1. Para Android: Toque no nome do grupo, selecione "Informação do grupo" e, em seguida, "Adicionar participantes".
2. Para iPhone: deslize o dedo para a esquerda na discussão de grupo, selecione "Mais" e toque em "Adicionar participantes".

V.7.12.4.COMO INICIAR UMA CONVERSA DE GRUPO

1. Criar um tema de grupo e introduzir as informações principais.
2. Partilhe fotografias, vídeos e documentos para manter todos interessados.
3. Utilize sondagens, respostas de cartões de leitor e a função "Responder" para gerir debates.

CONCLUSÃO

O rápido crescimento e popularidade do WhatsApp oferece uma oportunidade de ouro para formar micro-comunidades e promover um ambiente de ligação, razão pela qual é tão importante aprender a criar grupos do WhatsApp.

Identificar os poderosos atributos do WhatsApp, como a ampla usabilidade, as robustas funcionalidades de partilha e a facilidade de gestão, garante que a era digital da comunicação está em constante evolução e centrada no utilizador.

O TimelinesAI, uma solução de gestão do WhatsApp orientada para as empresas, alinha-se perfeitamente com a crescente procura de métodos de comunicação organizados e eficazes, como as conversas em grupo no WhatsApp. Se está interessado na ideia de criar grupos do WhatsApp e de os gerir eficazmente, sobretudo numa perspetiva empresarial que visa promover a colaboração entre as equipas e melhorar a comunicação com os clientes no WhatsApp, o TimelinesAI é um serviço que vale a pena considerar.

Ao fornecer funcionalidades abrangentes e eficientes, como uma caixa de entrada partilhada para vários números e integrações CRM perfeitas, cultiva um paradigma de comunicação avançado, desbloqueando um nível totalmente novo de desempenho empresarial no WhatsApp.

V.8. ÉTICA E MORAL A OBSERVAR NAS REDES SOCIAIS

As redes sociais transformaram a forma como comunicamos, trabalhamos e nos divertimos. Tornaram possível estabelecer ligações entre pessoas de todo o mundo, mas também levantaram questões éticas complexas. Esta secção examina as principais questões éticas associadas às redes sociais, incluindo a privacidade, a liberdade de expressão, a desinformação, o ciberassédio e o impacto na saúde mental. Analisaremos também as responsabilidades das empresas e dos utilizadores face a estes desafios e as perspectivas de uma utilização mais ética das redes sociais.

1. PRIVACIDADE E PROTECÇÃO DE DADOS

A proteção da privacidade é uma questão importante nas redes sociais. Os utilizadores partilham frequentemente informações pessoais, como a sua localização, emprego, interesses e relações, sem compreenderem sempre as implicações em termos de privacidade. As empresas de redes sociais recolhem e utilizam estes dados para personalizar a publicidade e melhorar a experiência do utilizador. No entanto, esta prática levanta questões éticas sobre o consentimento, a transparência e a utilização incorrecta dos dados.

A proteção de dados é também uma questão ética importante. As violações de dados, como as que afectaram o Facebook e o LinkedIn, expuseram as informações pessoais de milhões de utilizadores. As empresas devem, por conseguinte, criar mecanismos de segurança sólidos para proteger os dados dos seus utilizadores e ser transparentes quanto às suas práticas de recolha e utilização de dados.

2. LIBERDADE DE EXPRESSÃO E MODERAÇÃO DE CONTEÚDOS

A liberdade de expressão é um direito fundamental, mas pode entrar em conflito com outros valores, como o respeito pela dignidade humana e a luta contra a discriminação. As redes sociais são frequentemente criticadas pela forma como lidam com conteúdos de ódio, discriminatórios ou violentos. As empresas precisam de encontrar um equilíbrio entre a proteção da liberdade de expressão e a prevenção de abusos.

A moderação de conteúdos é uma questão ética complexa. Os algoritmos de moderação automatizados podem ser tendenciosos ou cometer erros, enquanto a moderação humana pode ser dispendiosa e stressante para os moderadores. As empresas têm de investir em soluções de moderação mais eficazes e éticas e envolver os utilizadores na definição das regras de moderação.

3. DESINFORMAÇÃO E NOTÍCIAS FALSAS

A desinformação e as notícias falsas espalham-se rapidamente nas redes sociais, minando a confiança nas instituições e nos meios de comunicação social. As empresas devem tomar medidas para combater a desinformação, por exemplo, verificando os factos, denunciando conteúdos enganosos e reduzindo a sua visibilidade. Os utilizadores também têm um papel a desempenhar, verificando as fontes e partilhando informações fiáveis.

4. CIBERPERSEGUIÇÃO E ASSÉDIO EM LINHA

A ciberperseguição e o assédio em linha são problemas éticos importantes nas redes sociais. Podem ter consequências devastadoras para a saúde mental das vítimas e conduzir a situações trágicas. As empresas têm a responsabilidade de combater este comportamento, criando mecanismos de denúncia e de moderação e punindo os autores de assédio.

Os utilizadores devem também estar conscientes do impacto das suas acções em linha e comportar-se de forma respeitosa para com os outros. As campanhas de sensibilização e os programas educativos podem ajudar a promover uma cultura de respeito e empatia nas redes sociais.

5. O IMPACTO NA SAÚDE MENTAL E NO BEM-ESTAR

A utilização excessiva das redes sociais pode ter um impacto negativo na saúde mental e no bem-estar das pessoas. As redes sociais podem levar à comparação social, à dependência, à redução da autoestima e a uma perda de tempo valioso. As empresas têm a responsabilidade de incentivar uma utilização saudável das suas plataformas, por exemplo, limitando as notificações e promovendo ferramentas de gestão do

tempo.
Os utilizadores devem também estar conscientes da sua utilização das redes sociais e adotar estratégias para preservar o seu bem-estar, como estabelecer limites de tempo, desligar regularmente e concentrar-se em actividades offline.

6. AS RESPONSABILIDADES DAS EMPRESAS E DOS UTILIZADORES

As empresas de redes sociais têm a responsabilidade de adotar políticas e mecanismos para gerir as questões éticas acima descritas. Devem ser transparentes quanto às suas práticas, cumprir a regulamentação em vigor e trabalhar com os governos, as organizações da sociedade civil e os utilizadores para melhorar a ética das suas plataformas.
Os utilizadores também têm um papel a desempenhar no que respeita a um comportamento ético e responsável nas redes sociais. Devem respeitar as regras das plataformas, estar conscientes do impacto das suas acções em linha e contribuir para a criação de um ambiente em linha seguro e respeitador.

7. PERSPECTIVAS DE UMA UTILIZAÇÃO MAIS ÉTICA DAS REDES SOCIAIS

Para promover uma utilização mais ética das redes sociais, há várias vias possíveis de desenvolvimento:

1. Reforçar a regulamentação das redes sociais, nomeadamente em termos de proteção dos dados, de moderação dos conteúdos e de luta contra a desinformação.
2. Promover a literacia mediática e da informação para desenvolver o espírito crítico e o sentido de responsabilidade dos utilizadores.
3. Incentivar as empresas a adoptarem modelos de negócio que se baseiem menos na recolha e utilização de dados pessoais.
4. Incentivar a cooperação entre empresas, governos, organizações da sociedade civil e utilizadores para desenvolver normas éticas comuns e partilhar as melhores práticas.
5. Sensibilizar os utilizadores para as questões éticas envolvidas nas redes sociais e incentivá-los a adotar um comportamento responsável e respeitador.

As questões éticas que envolvem as redes sociais são complexas e interdependentes, envolvendo tanto as empresas como os utilizadores. A proteção da privacidade, a liberdade de expressão, a desinformação, o ciberassédio e o impacto na saúde mental são desafios que têm de ser enfrentados para garantir uma utilização responsável e ética das redes sociais.

Para tal, é essencial reforçar a regulamentação, educar os utilizadores, incentivar as empresas a adoptarem modelos de negócio mais éticos e promover a cooperação entre os vários intervenientes. Trabalhando em conjunto, podemos ajudar a criar um ambiente em linha mais seguro, mais respeitador e mais ético, em que as redes sociais possam ser utilizadas de forma positiva e benéfica para todos.

CAPÍTULO VI

SEGURANÇA INFORMÁTICA

V I.1.DEFINIÇÕES DE CONCEITOS

V I.1.1.VÍRUS

Um vírus é um programa de computador malicioso concebido para perturbar o funcionamento normal de um sistema informático sem o conhecimento do proprietário.

V I.1.2.ANTIVÍRUS

Um antivírus é um programa de segurança concebido para prevenir, detetar, procurar e remover vírus e outros tipos de software malicioso de computadores, redes e outros dispositivos.

V I.1.4.CLIENTE

Um computador cliente é um computador ou uma aplicação que envia pedidos a um servidor.

V I.1.5.MANTA

Uma firewall é um sistema de segurança de redes informáticas que limita o tráfego da Internet que entra, sai ou está dentro de uma rede privada.

Este software ou unidade hardware-software dedicada funciona bloqueando ou permitindo seletivamente pacotes de dados. Destina-se geralmente a ajudar a evitar actividades maliciosas e a impedir que qualquer pessoa, dentro ou fora de uma rede privada, se envolva em actividades não autorizadas na Web.

As firewalls podem ser consideradas como fronteiras ou gateways que gerem o movimento de actividades web autorizadas e proibidas numa rede privada. O termo vem do conceito de paredes físicas que actuam como barreiras para retardar a propagação do fogo até que os serviços de emergência o possam extinguir. Em comparação, as firewalls de segurança de rede são concebidas para gerir o tráfego Web: geralmente para retardar a propagação de ameaças Web.

As firewalls criam "estrangulamentos" para canalizar o tráfego da Web, que é depois examinado em função de um conjunto de parâmetros programados e actuado em conformidade. Algumas firewalls também controlam o tráfego e as ligações em registos de auditoria para referenciar o que foi autorizado ou bloqueado.

As firewalls são geralmente utilizadas para bloquear os limites de uma rede privada ou dos seus dispositivos anfitriões. Como tal, as firewalls são uma ferramenta de segurança no âmbito da categoria mais vasta de controlo do acesso dos utilizadores. Estas barreiras são geralmente instaladas em dois locais: nos computadores dedicados da rede ou nos computadores dos próprios utilizadores e outros terminais (anfitriões).

VI.1.5.1.FUNCIONAMENTO DAS FIREWALLS

Uma firewall decide qual o tráfego de rede que é permitido passar e qual o tráfego que é considerado perigoso. Essencialmente, funciona filtrando o que é bom do que é mau, ou o que é fiável do que não é fiável. No entanto, antes de entrar em detalhes, é útil entender a estrutura das redes na Internet.

As firewalls são concebidas para proteger as redes privadas e os dispositivos terminais que contêm, conhecidos como anfitriões de rede. Os anfitriões de rede são dispositivos que "comunicam" com outros anfitriões na rede. Enviam e recebem dados entre redes internas, bem como dados de saída e de entrada entre redes externas.

Os computadores e outros dispositivos terminais utilizam redes para aceder à Internet e a outros equipamentos. No entanto, a Internet está segmentada em sub-redes por razões de segurança e confidencialidade. Os segmentos básicos de sub-redes são os seguintes:

1. **As redes públicas externas** referem-se geralmente à Internet pública/global ou a várias extranets.
2. **A rede privada interna** define uma rede doméstica, intranets de empresas e outras redes "fechadas".
3. **As redes periféricas** são redes de fronteira constituídas por *anfitriões* bastiões: anfitriões informáticos dedicados a uma segurança reforçada, capazes de resistir a um ataque externo. Como tampão seguro entre as redes interna e externa, podem também ser utilizadas para alojar todos os serviços voltados para o exterior fornecidos pela rede interna (ou seja, servidores para a Web, correio, FTP, VoIP, etc.). São mais seguras do que as redes externas, mas menos seguras do que as redes internas. *Nem sempre estão presentes em redes mais simples, como as redes domésticas, mas podem ser frequentemente utilizadas em Intranets de empresas ou nacionais.*

Os routers de filtragem são computadores gateway especializados colocados numa rede para a segmentar. São conhecidos como firewalls domésticas a nível da rede. Os dois modelos de segmentação mais comuns são a firewall com filtro de anfitrião e a firewall com filtro de sub-rede:

- **As firewalls de host de filtro** usam um único roteador de filtro entre as redes externa e interna. Estas redes formam as duas sub-redes deste modelo.

- **As firewalls de sub-rede de filtragem** usam dois roteadores de filtragem: um conhecido como *roteador de acesso* entre a rede externa e a rede de borda, e outro conhecido como *roteador de retenção (ou "estrangulamento")* entre a rede de borda e a rede interna. Isto cria três sub-redes, respetivamente.

Tanto o perímetro da rede como as próprias máquinas anfitriãs podem alojar uma firewall. Para tal, a firewall é colocada entre um único computador e a sua ligação a uma rede privada.

- **As firewalls de rede** envolvem a aplicação de uma ou mais firewalls entre redes externas e redes privadas internas. Regulam o tráfego de entrada e de saída da rede, separando as redes públicas externas, como a Internet global, das redes internas, como as redes Wi-Fi domésticas, as Intranets das empresas ou as Intranets nacionais. As firewalls de rede podem assumir a forma de um dos seguintes tipos de dispositivos: hardware dedicado, software e virtual.
- **As firewalls baseadas em anfitriões** ou "firewalls de software" envolvem a utilização de firewalls em dispositivos de utilizadores individuais e outros terminais de redes privadas como barreira entre dispositivos de rede. Estes dispositivos, ou anfitriões, fornecem uma regulação personalizada do tráfego de e para aplicações informáticas específicas. As firewalls baseadas em anfitriões podem ser executadas em dispositivos locais como um serviço do sistema operativo ou como uma aplicação de segurança de terminal. As firewalls baseadas em anfitriões podem também analisar mais de perto o tráfego da Web, filtrando com base em HTTP e outros protocolos de rede, permitindo-lhe gerir o conteúdo que chega à sua máquina, em vez de o gerir a partir de onde vem.

Uma firewall de rede precisa de ser configurada para acomodar uma vasta gama de ligações, enquanto uma firewall baseada no anfitrião pode ser adaptada às necessidades de máquinas individuais. No entanto, as firewalls baseadas no anfitrião exigem mais esforço de personalização, o que significa que as firewalls de rede são ideais para uma solução de controlo completa. No entanto, a utilização simultânea dos dois tipos de firewall em ambos os locais é ideal para um sistema de segurança multi-camadas.

A filtragem de tráfego através de uma firewall utiliza regras pré-estabelecidas ou aprendidas dinamicamente para permitir e negar tentativas de ligação. Estas regras controlam a forma como uma firewall regula o fluxo de tráfego Web através da rede privada e dos dispositivos informáticos privados. Todas as firewalls, independentemente do tipo, podem filtrar através de uma combinação dos seguintes elementos:

- **A fonte:** de onde provém uma tentativa de ligação.
- **O destino:** para onde é suposto ir uma tentativa de ligação.
- **Conteúdo:** o que uma tentativa de ligação está a tentar enviar.
- **Protocolos de pacotes :** A "linguagem" utilizada por uma tentativa de ligação para transmitir a sua mensagem. Entre os protocolos de rede que os anfitriões utilizam para "falar" uns com os outros, os protocolos TCP/IP são principalmente utilizados para comunicar na Internet e em Intranets/sub-redes.
- **Protocolos de aplicação:** os protocolos comuns incluem HTTP, Telnet, FTP, DNS e SSH.

A origem e o destino são comunicados por endereços IP (Internet Protocol) e portas. Os endereços IP são nomes de dispositivos únicos para cada anfitrião. *As portas* são um subnível de qualquer dispositivo anfitrião de origem e destino; são semelhantes às diferentes divisões de um grande edifício, por exemplo. As portas são geralmente atribuídas para fins específicos, pelo que determinados protocolos e endereços IP que utilizam portas pouco comuns ou portas inactivas podem revelar-se problemáticos.

Utilizando estes identificadores, uma firewall pode decidir se um pacote de dados que está a tentar ligar-se deve ser rejeitado, silenciosamente ou com uma resposta de erro ao remetente, ou encaminhado.

VI.1.5.2.TIPOS DE FIREWALL

Diferentes tipos de firewall incorporam diferentes métodos de filtragem. Embora cada tipo tenha sido desenvolvido para superar as gerações anteriores de firewalls, grande parte da tecnologia principal foi transmitida de geração em geração.

Os tipos de firewall diferem na sua abordagem aos seguintes elementos:

1. Controlo de ligações
2. Regras de filtragem
3. Registos de auditoria.

Cada tipo opera num nível diferente do modelo de comunicações padrão, o modelo OSI (Open Systems Interconnection). Este modelo dá uma imagem mais clara da forma como cada firewall interage com as ligações.

V I.1.5.2.1.FIREWALL DE FILTRAGEM ESTÁTICA DE PACOTES

As firewalls de filtragem estática de pacotes, também conhecidas como firewalls de inspeção sem estado, operam na camada de rede OSI

(Camada 3). Fornecem filtragem básica, verificando todos os pacotes de dados individuais enviados através de uma rede, de acordo com a sua origem e destino. Em particular, as ligações previamente aceites não são rastreadas. Isto significa que cada ligação tem de ser novamente aprovada com cada pacote de dados enviado.

A filtragem é baseada em endereços IP, portas e protocolos de pacotes. Estas firewalls, no mínimo, impedem que duas redes se liguem diretamente uma à outra sem autorização.

As regras de filtragem são definidas com base numa lista de controlo de acesso criada manualmente. São muito rígidas e é difícil cobrir adequadamente o tráfego indesejável sem comprometer a usabilidade da rede. A filtragem estática exige uma revisão manual constante para ser eficaz. Isto pode ser viável em redes pequenas, mas pode tornar-se rapidamente difícil em redes maiores.

A incapacidade de ler protocolos de aplicação significa que o conteúdo de uma mensagem entregue num pacote não pode ser lido. Sem ler o conteúdo, as firewalls de filtragem de pacotes oferecem uma proteção limitada.

V I.1.5.2.2.GATEWAY FIREWALL A NÍVEL DO CIRCUITO

As gateways ao nível do circuito funcionam ao nível da sessão (nível 5). Estas firewalls verificam se os pacotes estão a funcionar quando é tentada uma ligação e, se estiverem a funcionar corretamente, permitem uma ligação aberta permanente entre as duas redes. A firewall deixa então de supervisionar a ligação.

Para além da sua abordagem às ligações, a gateway ao nível do circuito pode ser semelhante às firewalls proxy.

A ligação permanente não monitorizada é perigosa, porque meios legítimos podem abrir a ligação e permitir a entrada de um agente malicioso sem qualquer impedimento.

V I.1.5.2.3.FIREWALL COM INSPECÇÃO DINÂMICA

As firewalls de inspeção com estado, também conhecidas como firewalls de filtragem de pacotes com estado, diferem da filtragem estática na sua capacidade de monitorizar as ligações em curso e de recordar as ligações que foram efectuadas. Começaram por funcionar na camada de transporte (camada 4), mas atualmente estas firewalls podem monitorizar muitas camadas, incluindo a camada de aplicação (camada 7).

Tal como as firewalls de filtragem estática, as firewalls de inspeção com estado permitem ou bloqueiam o tráfego com base em propriedades técnicas, tais como protocolos de pacotes específicos, endereços IP ou portas. No entanto, essas firewalls também rastreiam e filtram exclusivamente com base no estado das conexões usando uma tabela de estados.

Esta firewall actualiza as regras de filtragem de acordo com os eventos de ligação registados na tabela de estado pelo router de filtragem.

Em geral, as decisões de filtragem são frequentemente baseadas nas regras do administrador ao configurar o computador e o firewall. No entanto, a tabela de estados permite que esses firewalls dinâmicos tomem suas próprias decisões com base em interações anteriores com as quais eles "aprenderam". Por exemplo, os tipos de tráfego que causaram perturbações no passado serão filtrados no futuro. A flexibilidade da inspeção com estado tornou-a um dos tipos de proteção mais utilizados.

V I.1.5.2.4.PROXY FIREWALL

As firewalls de proxy, também conhecidas como firewalls ao nível da aplicação (Camada 7), têm a capacidade de ler e filtrar protocolos de aplicação. Combinam a inspeção ao nível da aplicação, ou "inspeção profunda de pacotes (DPI)", com a inspeção dinâmica.

Uma firewall proxy é o mais próximo possível de uma barreira física real. Ao contrário de outros tipos de firewall, ela atua como dois hosts adicionais entre as redes externas e os computadores host internos, com um deles atuando como representante (ou 'proxy') para cada rede.

A filtragem baseia-se em dados ao nível da aplicação em vez de endereços IP, portas e protocolos de pacotes básicos (UDP, ICMP) como nas firewalls baseadas em pacotes. Ler e compreender os protocolos FTP, HTTP, DNS e outros protocolos permite uma investigação mais profunda e uma filtragem cruzada para muitas caraterísticas de dados diferentes.

Tal como um guarda de segurança à entrada de um edifício, examina e avalia essencialmente os dados que entram. Se não forem detectados problemas, os dados são autorizados a ser transmitidos ao utilizador.

A desvantagem deste tipo de segurança reforçada é que, por vezes, interfere com dados de entrada que não constituem uma ameaça, resultando em atrasos operacionais.

VI.1.5.2.5.FIREWALL DE NOVA GERAÇÃO (NGFW)

A evolução das ameaças continua a exigir soluções mais intensas, e as firewalls de nova geração continuam na vanguarda deste problema, combinando a funcionalidade de uma firewall tradicional com sistemas de prevenção de intrusões na rede.

As firewalls específicas para ameaças da próxima geração são concebidas para examinar e identificar ameaças específicas, como malware avançado, a um nível mais granular. Mais frequentemente utilizadas por empresas e redes sofisticadas, oferecem uma solução completa para a filtragem de ameaças.

VI.1.5.2.6.FIREWALL HÍBRIDA

Como o nome sugere, a firewall híbrida utiliza dois ou mais tipos de firewall numa única rede privada.

VI.1.7.SEGURANÇA DA REDE

A segurança da rede engloba todas as actividades destinadas a proteger a funcionalidade e a integridade da sua rede e dos seus dados.

. Inclui tecnologias de hardware e software

. Tem como alvo um grande número de ameaças

- Impede-os de penetrar na rede ou de se propagarem.

V I.1.7.1.OPERAÇÕES DE SEGURANÇA DA REDE

A segurança da rede combina muitos níveis de defesas na periferia e no interior da rede. Cada camada de segurança da rede implementa políticas e controlos. Os utilizadores autorizados obtêm acesso aos recursos da rede, enquanto os agentes maliciosos são impedidos de realizar as suas explorações e ameaças.

V I.1.7.2.COMO TIRAR O MÁXIMO PARTIDO DA SEGURANÇA DA REDE

A digitalização transformou o nosso mundo. A nossa forma de viver, brincar e aprender. Tudo mudou. Todas as empresas que querem oferecer os serviços que os seus clientes e empregados exigem precisam de proteger a sua rede. A segurança da rede também o ajuda a proteger as suas informações confidenciais contra ataques. Basicamente, protege a sua reputação.

V I.1.8.CIBERCRIMINALIDADE

O cibercrime é um termo geral que descreve a miríade de actividades criminosas levadas a cabo através de um computador, de uma rede ou de outro conjunto de dispositivos digitais.

A cibercriminalidade abrange uma vasta gama de actividades ilegais cometidas por cibercriminosos. Estas incluem pirataria informática, phishing, roubo de identidade, ransomware e ataques de malware, entre muitas outras.

O âmbito da cibercriminalidade não conhece fronteiras físicas. Criminosos, vítimas e infra-estruturas técnicas podem ser encontrados em todo o mundo. Com a utilização da tecnologia para explorar vulnerabilidades de segurança, tanto por indivíduos como por empresas, a cibercriminalidade assume muitas formas e está em constante evolução.

A capacidade de investigar, processar e prevenir eficazmente a cibercriminalidade é uma batalha contínua com muitos desafios dinâmicos.

A cibercriminalidade representa uma séria ameaça para os indivíduos, as empresas e as entidades governamentais, podendo resultar em perdas financeiras significativas, danos à reputação e comprometimento de registos.

À medida que a tecnologia avança e cada vez mais pessoas utilizam dispositivos e redes digitais para as suas actividades quotidianas, a ameaça da cibercriminalidade continua a aumentar, pelo que é mais importante do que nunca tomar medidas de proteção contra ela.

VI.1.8.1.TIPOS DE CIBERCRIME E EXEMPLOS

A cibercriminalidade abrange uma vasta gama de actividades criminosas que envolvem várias plataformas e tecnologias digitais.

Há muitos tipos de cibercrime que vale a pena combater, desde as burlas por correio eletrónico e as actividades nas redes sociais até às burlas de phishing e aos ataques de ransomware.

Embora algumas destas infracções se sobreponham, as mais comuns são as seguintes

1. Fraudes por correio eletrónico

Trata-se de manobras enganosas que assumem muitas formas. As mensagens de correio eletrónico falsas induzem os destinatários em erro, enquanto as técnicas de engenharia social levam as pessoas a divulgar informações, como números de cartões de crédito, ou a transferir dinheiro para o atacante.

Os esquemas de phishing, em que os autores de fraudes imitam marcas legítimas, são uma forma comum de fraude por correio eletrónico.

2. Fraude nas redes sociais

Fraudes que utilizam plataformas de redes sociais como o Facebook, o Twitter, o Instagram e o TikTok para enganar e defraudar as vítimas. Os exemplos incluem lojas em linha falsas, catfishing, ataques de engenharia social e esquemas de roubo de identidade.

A fraude nas redes sociais explora frequentemente a confiança, a ingenuidade e a tendência dos utilizadores para partilharem demasiadas informações pessoais em linha.

3. **Fraude bancária**

Actividades fraudulentas que visam as instituições financeiras ou os seus clientes e partes interessadas. A fraude bancária resulta, na maioria das vezes, em perdas financeiras significativas ou roubo de identidade, e as estratégias dos atacantes envolvem frequentemente tácticas sofisticadas de hacking e engenharia social.

Os exemplos incluem fraudes com cartões de crédito, fraudes em ATM e fraudes bancárias em linha.

4. **Fraude no comércio eletrónico**

Uma fraude elaborada que explora os pontos fracos e as armadilhas das tecnologias de compras em linha, tais como lojas em linha fabricadas, contas de vendedores falsas ou o roubo de informações de cartões de crédito.

Os casos de fraude no comércio eletrónico resultam geralmente em perdas financeiras tanto para os consumidores como para os retalhistas em linha.

5. **Malware**

Um ataque generalizado de software concebido para danificar e manipular sistemas informáticos através da introdução de vírus, cavalos de Troia ou spyware.

O malware é um problema generalizado, que visa tanto os PCs individuais como as redes informáticas das empresas. Na maioria das vezes, é utilizado para perturbar as redes e roubar dados dos utilizadores.

6. **Ransomware**

Um tipo de ataque de malware que encripta os dados críticos das vítimas e exige o pagamento de um resgate em troca de uma chave de desencriptação para recuperar o acesso.

Os ataques de ransomware resultam frequentemente na perda de dados e de activos, na devastação fiscal e na perturbação da produtividade, o que prejudica financeiramente tanto os indivíduos como as organizações.

Um dos casos mais mediáticos de ransomware envolveu o governo da Costa Rica, levando a uma emergência nacional.

7. **Ciberespionagem**

A utilização de pirataria informática, ataques de malware ou outras actividades cibernéticas em que um utilizador não autorizado tenta obter acesso a dados sensíveis ou à propriedade intelectual, a fim de obter uma vantagem competitiva sobre uma empresa ou entidade governamental.

Os casos de ciberespionagem envolvem frequentemente grupos patrocinados pelo Estado ou hackers individuais e podem ter implicações políticas ou económicas importantes.

Um dos casos mais significativos de ciberespionagem é o dos cinco hackers militares chineses acusados de pirataria informática, espionagem económica e outros crimes contra entidades norte-americanas.

8. Violações de dados

Acesso não autorizado ou fuga de dados sensíveis, tais como informações confidenciais, registos críticos ou acesso financeiro.

As violações de dados podem ser atribuídas a uma vasta gama de factores de risco, tais como palavras-passe e protocolos de cibersegurança fracos, vulnerabilidades do sistema de software ou ameaças internas.

As consequências podem ser dados comprometidos, prejuízos financeiros ou uma reputação manchada. O relatório de investigação de violações de dados da Verizon concluiu que 82% das violações envolvem um elemento humano.

9. Vírus informáticos

Este é talvez o tipo mais comum de malware, capaz de se replicar e de se espalhar para outros sistemas, causando frequentemente danos em ficheiros ou programas de computador. Os vírus Melissa, ILOVEYOU e Nimda são exemplos de vírus informáticos que se propagam rapidamente para infetar ficheiros e danificar sistemas informáticos.

10. Ataques DDoS

Os ataques de negação de serviço distribuído, ou ataques DDoS, são concebidos para sobrecarregar uma rede ou um sítio Web com tráfego, provocando o seu abrandamento ou falha total.

Os ataques DDoS são uma das muitas actividades cibernéticas destrutivas da Rússia contra a Ucrânia, juntamente com outros ataques destinados a apagar dados informáticos pertencentes a entidades governamentais e privadas.

11. Pirataria de software

Forma digital de roubo de propriedade intelectual que envolve a utilização ou distribuição não autorizada de material protegido por direitos de autor, como software, música ou filmes. Exemplos de pirataria de software incluem a utilização de geradores de chaves ou software de crack para ativar software pago sem licença.

12. Phishing

Fraude por correio eletrónico que utiliza técnicas como mensagens de correio eletrónico enganosas, sítios Web fraudulentos ou comunicações enganosas para induzir as vítimas a partilhar as suas informações pessoais e dados sensíveis ou a clicar em ligações para descarregamentos e sítios Web maliciosos.

Exemplos de esquemas de phishing incluem e-mails que parecem vir de marcas conhecidas, instituições financeiras, agências governamentais ou sítios de redes sociais.

13. Roubo de identidade

Num contexto digital, a usurpação de identidade refere-se à aquisição de dados privados de uma pessoa para fins fraudulentos ou maliciosos.

Os bens visados pela usurpação de identidade incluem os números da segurança social, a data de nascimento, os dados do cartão de crédito ou as contas em linha.

Os tipos de usurpação de identidade incluem a usurpação de identidade financeira, médica e fiscal, a usurpação de identidade nas redes sociais e a clonagem de identidade, em que alguém utiliza a identidade de outra pessoa para ocultar a sua própria identidade.

14. Assédio em linha

Ciberbullying, ciberassédio e actos repetidos destinados a assustar, magoar, enraivecer ou envergonhar uma determinada pessoa.

Atualmente, o assédio em linha é mais frequente em sítios de redes sociais, aplicações de encontros e fóruns/mensagens. Exemplos de assédio em linha incluem o envio de mensagens inadequadas e não solicitadas, ameaças claras e intencionais ou a divulgação de fotografias ou vídeos sensíveis de uma vítima.

15. Ciberterrorismo

Trata-se geralmente de actos de destruição em linha de maiores dimensões, que utilizam a Internet ou a tecnologia informática para cometer actos de terror, por exemplo, causando danos em infra-estruturas e perturbações catastróficas, roubando informações confidenciais ou divulgando propaganda com implicações políticas ou culturais.

Os casos de ciberterrorismo estão a tornar-se cada vez mais sofisticados, o que aumenta as exigências em matéria de cibersegurança e proteção.

V I.1.8.2.O IMPACTO DA CIBERCRIMINALIDADE

A crescente sofisticação da cibercriminalidade é acompanhada por um aumento do volume de ameaças e das perdas financeiras associadas. De acordo com os relatórios do FBI, o Secretário Mayorkas do Departamento de Segurança Interna afirmou que as perdas resultantes da cibercriminalidade ultrapassariam os 4,1 mil milhões de dólares até 2020.

Relatórios mais recentes da divisão do Internet Crime Complaint Center (IC3) do FBI indicam que as perdas ultrapassarão os 6,9 mil milhões de dólares em 2021. De acordo com o relatório do IC3, o FBI atribui este aumento acentuado das perdas relacionadas com a cibercriminalidade a um aumento dos ataques de ransomware, esquemas de comprometimento de correio eletrónico de empresas e crimes relacionados com criptomoedas.

O relatório salienta igualmente a evolução do panorama dos ciberataques, que estão cada vez mais ligados às relações internacionais e às ameaças dos serviços de informações estrangeiros.

A um nível mais granular, a cibercriminalidade está presente nas casas e nos computadores pessoais de muitas pessoas. De acordo com as estatísticas da Cyber & Infrastructure Security Agency (CISA), 47% dos americanos expuseram as suas informações pessoais a criminosos em linha e o malware infectou um terço dos computadores pessoais.

O impacto futuro da cibercriminalidade parece ser um motor económico fundamental e um enorme apelo à ação para as empresas de cibersegurança e para os países que as acolhem.

A Cybersecurity Ventures prevê que o custo global da cibercriminalidade continuará a aumentar 15% ao ano nos próximos cinco anos, atingindo 10,5 biliões de dólares em danos anuais até 2025.

V I.1.8.3.PREVENIR A CIBERCRIMINALIDADE

À medida que os custos e riscos globais associados à cibercriminalidade continuam a aumentar, também aumenta a necessidade de implementar, monitorizar e melhorar constantemente os sistemas e tecnologias de prevenção. Entre adversários estrangeiros, terroristas e criminosos comuns, os ciberataques estão a tornar-se cada vez mais inteligentes e sofisticados.

Os indivíduos, as empresas e as entidades governamentais devem tomar medidas proactivas para evitar que os cibercriminosos penetrem nos sistemas de segurança e se infiltrem nos dados sensíveis .

Embora certas estratégias de prevenção da cibercriminalidade continuem a ser imparáveis para repelir os atacantes, uma nova vaga de tecnologias modernas veio apoiar estas iniciativas.

V I.1.8.4.SISTEMAS AVANÇADOS DE CIBERSEGURANÇA

Uma das principais estratégias para prevenir a cibercriminalidade é a utilização de uma proteção avançada de cibersegurança.

Estas incluem tecnologias fundamentais, como firewalls, software antivírus e sistemas de deteção de intrusões, mas também sistemas de cibersegurança mais avançados que estão a evoluir graças à inteligência artificial (IA) e à aprendizagem automática (ML).

A implementação das ferramentas de cibersegurança corretas deve ser uma prioridade absoluta para qualquer organização ou indivíduo que pretenda proteger-se contra ciberataques e ameaças digitais.

1. Autenticação multifactor

A autenticação multifactor (MFA), normalmente conhecida como autenticação de dois factores, é um protocolo de segurança comum que evita violações de dados, pirataria informática e outros ataques informáticos diretos.

Em termos simples, este processo exige que os utilizadores forneçam pelo menos duas formas de identificação para autenticar o acesso às suas contas, por exemplo, uma palavra-passe e um código de acesso enviado para um dispositivo.

Atualmente um protocolo de boas práticas para as organizações, a MFA acrescenta camadas adicionais de segurança cibernética às contas em linha, tornando muito mais difícil o acesso dos hackers aos seus dados.

2. Redes privadas virtuais

Uma rede privada virtual (VPN) é um serviço que permite aos utilizadores navegar na Internet com maior segurança e anonimato.

As VPNs são concebidas para encriptar a atividade online, tornando muito mais difícil aos ciber-atacantes interceptarem e roubarem os seus dados. As VPNs actuam como intermediários entre o seu dispositivo e o servidor de destino, adicionando a sua própria camada de encriptação e encaminhando as comunicações através dos seus próprios servidores.

As VPNs são particularmente eficazes para ajudar a proteger contra fraudes por correio eletrónico, como o phishing, mascarando o seu endereço IP e a sua localização.

V I.1.8.5. SOLUÇÕES DE SEGURANÇA PARA CORREIO ELECTRÓNICO

As contas de correio eletrónico são um dos canais mais frequentemente explorados pelos ciberataques para obter acesso a dados sensíveis e informações privadas.

Podem ser utilizadas tecnologias especializadas de segurança de

correio eletrónico para impedir esta atividade, incluindo soluções como a encriptação de correio eletrónico, filtros de spam e software antivírus.
A encriptação é uma tecnologia poderosa que protege o conteúdo das mensagens de correio eletrónico contra a interceção.
Os filtros de spam detectam e impedem que e-mails injustificados e maliciosos cheguem à sua caixa de entrada, enquanto o software antivírus detecta e remove anexos de e-mail maliciosos.

V I.1.8.6.GESTORES DE PALAVRAS-PASSE

Os cibercriminosos atacam frequentemente as palavras-passe. Para além de criarem palavras-passe seguras que são difíceis de decifrar, os gestores de palavras-passe são aplicações de software que armazenam de forma segura várias credenciais de início de sessão numa base de dados encriptada, todas bloqueadas por uma palavra-passe mestra.
Os gestores de palavras-passe são normalmente utilizados por organizações, equipas remotas e indivíduos para proporcionar uma proteção adicional ao navegar na Web, mantendo as palavras-passe num espaço seguro.
Os gestores de palavras-passe mais comuns são o 1Password, o KeePass, o LastPass e o iCloud Keychain da Apple. No entanto, alguns gestores de palavras-passe apresentam riscos.

V I.1.8.7.FORMAÇÃO EM MATÉRIA DE SENSIBILIZAÇÃO PARA A SEGURANÇA

Muitos ciberataques resultam de erros humanos, como clicar em ligações maliciosas ou descarregar ficheiros com vírus.
A formação de sensibilização para a segurança visa ensinar os utilizadores a identificar, evitar e atenuar a ameaça de ciberataques. As formas mais comuns de formação são a formação de sensibilização baseada em computador e os exercícios de simulação de phishing, em que os funcionários recebem falsos e-mails de phishing para testar a sua reação.
A formação de sensibilização para a segurança ajuda as organizações a incutir uma cultura de segurança, criando uma rede mais resistente para se protegerem contra os ciberataques.

V I.1.8.8.CÓPIA DE SEGURANÇA E RECUPERAÇÃO DE DADOS

Muitas formas de ataque cibernético podem resultar na perda de dados críticos, o que pode ter graves repercussões financeiras e operacionais tanto para os indivíduos como para as organizações.
As soluções de cópia de segurança e recuperação de dados podem ajudar a mitigar os danos causados pela perda de dados, criando cópias

de segurança dos dados e garantindo uma recuperação mais rápida em caso de ataque de ransomware, violação de dados ou outra forma de ciberataque.

O arquivamento regular de dados é um protocolo de segurança essencial para garantir a recuperação dos seus dados em caso de ataque.

V I.1.8.9. PROTECÇÃO CONTRA A CIBERCRIMINALIDADE POR PARTE DA IA E DA ML

As tecnologias mais avançadas de prevenção da cibercriminalidade utilizam atualmente a aprendizagem automática e a inteligência artificial para recolher e analisar dados, seguir e localizar ameaças, identificar vulnerabilidades e responder a violações.

Por exemplo, os algoritmos de aprendizagem automática podem detetar e prevenir a fraude em transacções financeiras, identificando padrões que indicam atividade fraudulenta e assinalando-os para revisão.

Do mesmo modo, as tecnologias de AI podem detetar e prevenir ciberataques a redes e sistemas, analisando o tráfego da rede, identificando padrões anómalos e respondendo a ameaças em tempo real.

V I.1.9.ATAQUE CIBERNÉTICO

Os ciberataques têm como objetivo danificar, assumir o controlo ou obter acesso a documentos e sistemas importantes numa rede empresarial ou pessoal.

Os ciberataques são levados a cabo por indivíduos ou organizações para fins políticos, criminosos ou pessoais, com o objetivo de destruir ou obter acesso a informações sensíveis.

Eis alguns exemplos de ataques informáticos:

. Programas maliciosos
- Ataque distribuído de negação de serviço (DDoS)

. Hameponagem
- Ataque de injeção de código SQL
- Scripting entre sítios (XSS)
- Botnet

. Ranpongiciels

A utilização de software fiável e de uma estratégia cibernética sólida pode reduzir as hipóteses de uma base de dados empresarial ou pessoal ser afetada por um ataque cibernético.

VI.1.9.1.DIFERENTES TIPOS DE CIBERATAQUES E AMEAÇAS

Os ciberataques visam redes e sistemas informáticos e assumem diversas formas. O malware e o phishing são dois exemplos de ciberataques utilizados para assumir o controlo de dados empresariais sensíveis e de dispositivos electrónicos pessoais. Saiba mais sobre os tipos de ciberataques e o seu efeito nas tecnologias recentes.

VI.1.10.CIBERSEGURANÇA

A cibersegurança consiste em proteger computadores, servidores, dispositivos móveis, sistemas electrónicos, redes e dados contra ataques maliciosos. É também conhecida como segurança informática ou segurança dos sistemas de informação. Pode ser encontrada em muitos contextos, desde a informática empresarial até aos terminais móveis. Pode ser dividida em várias categorias.

- **A segurança da rede** envolve a proteção da rede informática contra intrusos, quer se trate de ataques direcionados ou de malware oportunista.
- **A segurança das aplicações** tem por objetivo proteger o software e os dispositivos contra ameaças. Uma aplicação corrompida pode abrir o acesso aos dados que é suposto proteger. Um sistema de segurança fiável pode ser identificado na fase de conceção, muito antes de um programa ou dispositivo ser implantado.
- **A segurança da informação** garante a integridade e a confidencialidade dos dados, quer estejam armazenados ou em trânsito.
- **A segurança operacional** inclui os processos e decisões envolvidos no processamento e proteção dos dados. As autorizações de acesso dos utilizadores à rede e os procedimentos que definem o armazenamento e a localização dos dados são abrangidos por este tipo de segurança.
- **A recuperação de desastres e a continuidade das actividades** especificam a forma como uma empresa responde a um incidente de cibersegurança ou a outro evento que provoque uma perda de atividade ou de dados. As políticas de recuperação de desastres regem a forma como uma empresa recupera as suas operações e informações para a mesma capacidade operacional que tinha antes do evento. A continuidade das actividades refere-se ao plano em que uma empresa se baseia quando tenta funcionar sem determinados recursos.

. **A formação do utilizador final** centra-se no fator mais imprevisível: as pessoas. Qualquer pessoa pode introduzir acidentalmente um vírus num sistema normalmente seguro se não seguir as boas práticas de segurança. Ensinar os utilizadores a eliminar anexos suspeitos e a não ligar dispositivos USB não identificados é essencial para a segurança de uma empresa.

VI.1.11.PIRATARIA

Hacking é o processo de modificar um sistema ou dispositivo de modo a que este funcione com um sistema operativo diferente do originalmente previsto. Os piratas informáticos utilizam os seus conhecimentos e competências para explorar as vulnerabilidades do software, do hardware e das redes, a fim de obter acesso a recursos ou informações que de outro modo não estariam disponíveis.

Os piratas informáticos também utilizam frequentemente ferramentas de pirataria informática, como vírus, **spyware** ou cavalos de Troia, bem como técnicas **de engenharia social**, como as mensagens electrónicas **de phishing**, que tentam persuadir os utilizadores a fornecer-lhes informações a que não deveriam ter acesso.

VI.1.11.1.OS DIFERENTES TIPOS DE PIRATARIA INFORMÁTICA

Existem vários tipos de hackers: chapéu branco, chapéu preto e chapéu cinzento.

Os hackers de chapéu branco são pessoas que utilizam os seus conhecimentos informáticos para obter bons resultados, por exemplo, para encontrar falhas de segurança em software ou sítios Web e corrigi-las antes que alguém as explore maliciosamente.

Os hackers de chapéu preto utilizam os seus conhecimentos para actividades criminosas, como o roubo de identidade ou o roubo de informações confidenciais de cartões de crédito de utilizadores em linha desprevenidos.

Os chapéus cinzentos estão algures no meio: podem vender os seus serviços a ambas as partes, dependendo de qual delas lhes oferece mais dinheiro ou fama num determinado momento! Podem utilizar técnicas de "chapéu preto" para fins louváveis e, inversamente, técnicas de "chapéu branco" para fins maliciosos.

O hacking ético é outro termo utilizado para descrever alguém que utiliza as suas competências técnicas para testar os sistemas de segurança informática de uma organização sem ser pago pela mesma (o que é basicamente outra forma de dizer "chapéu branco").

Corporate Hacking refere-se especificamente a funcionários de uma empresa que tentam obter acesso não autorizado a redes ou computadores da empresa sem a permissão dos membros da direção, a fim de testar protocolos de segurança.

A pirataria informática é ilegal?

A pirataria não é ilegal, apenas o seu objetivo o é. A pirataria informática em si não é um crime, mas a sua utilização para roubar informações ou causar danos pode ser. Por exemplo:

- Se entrar na conta de correio eletrónico de alguém e ler as suas mensagens privadas sem a sua autorização, isso é ilegal, porque é uma invasão de privacidade.
- Se utilizar os seus conhecimentos de hacker para invadir o sistema informático de outra pessoa de modo a que esta deixe de poder aceder aos seus próprios ficheiros (ou mesmo apagá-los), trata-se de um crime informático e é ilegal na maioria dos casos. O mesmo se aplica a qualquer outro tipo de pirataria informática que prive outra pessoa do acesso à sua propriedade ou que cause danos ao atacar a sua infraestrutura de rede (como routers wifi).

VI.1.12.CRACKING

O "cracking", ou pirataria informática, vai mais longe. **Cracking é a pirataria de um sistema de segurança para fins maliciosos ou criminosos.** A pessoa que o comete é, portanto, um cracker, ou pirata. Tal como um ladrão abre um cofre de um banco manipulando a combinação, um hacker utiliza os seus conhecimentos técnicos para entrar num computador, num programa ou numa conta.

A maioria dos meios de comunicação social e, consequentemente, a maioria das pessoas, utilizam os termos "hacking" e "hacker" para descrever este tipo de atividade. Mas no mundo do hacking, preferimos usar o termo 'cracking' para este tipo de hacking malicioso, que aqui chamaremos simplesmente de 'pirataria'.

Cracking é a pirataria de um sistema de segurança para fins maliciosos ou criminosos.

Os métodos utilizados são muitas vezes menos sofisticados do que as técnicas de hacking, o que é outra razão pela qual as pessoas que se definem como "hackers" se distanciam deste tipo de atividade mais prosaico e egoísta. Os hackers que dependem exclusivamente de ferramentas desenvolvidas por outros são conhecidos como "script kiddies" ou "teenage hackers".

VI.1.12.1.OS TIPOS MAIS COMUNS DE PIRATARIA

Costuma dizer-se que os hackers criam e os piratas destroem. O objetivo do hacking é obter acesso a locais ou sistemas aos quais o hacker normalmente não tem acesso, para fins maliciosos como o **roubo de dados, o roubo de identidade ou a utilização gratuita de software pago**. Vejamos alguns tipos comuns de pirataria informática.

Pirataria de palavras-passe

A pirataria de palavras-passe consiste em obter uma palavra-passe a partir de dados armazenados algures. Qualquer sítio Web ou serviço com um mínimo de segurança codifica as palavras-passe que possui através de **hashing**. Este é um processo unidirecional que pega na palavra-passe, transforma-a utilizando um determinado algoritmo de hashing e, em seguida, guarda a palavra-passe encriptada. O facto de se tratar de um processo unidirecional é um ponto importante: como resultado, **o hash não é reversível.** Quando um utilizador tenta iniciar sessão, a palavra-passe que introduz também é transformada por hashing e, se as duas palavras-passe com hash forem idênticas, o utilizador é autorizado a aceder à sua conta.

Para adivinhar a palavra-passe, o hacker tem primeiro de recuperar os dados com hash do sítio Web. Isto acontece com muito mais frequência do que se possa pensar, uma vez que os sítios Web são frequentemente pirateados. Em seguida, o hacker precisa de saber a combinação exacta de algoritmos de hashing, bem como todas as outras técnicas que o sítio Web utiliza para fazer o hash das palavras-passe.

Uma vez munido destas duas informações, ele pode começar a trabalhar. Mas como o hash não é reversível, o hacker não tem outra opção senão tentar reproduzir esse hash. Geram uma palavra-passe, fazem o hash e depois verificam se corresponde a um hash existente. Esta operação é morosa se for efectuada manualmente, pelo que o hacker utiliza programas especializados e computadores potentes capazes de produzir um grande número de resultados por segundo. Os ataques de força bruta e de dicionário, bem como os ataques de tabela arco-íris, são os métodos mais comuns de pirataria de palavras-passe.

- **Força bruta:** o algoritmo produz sequências aleatórias de caracteres até encontrar a correta.
- **Dicionário:** semelhante ao método da força bruta, mas em vez de utilizar caracteres aleatórios, o método do dicionário limita-se às palavras existentes.
- **Tabela arco-íris:** a tabela arco-íris utiliza valores de hash pré-calculados para tentar determinar a encriptação utilizada para fazer o hash da palavra-passe.

VI.2. ALGUNS VÍRUS E ANTIVÍRUS

VI.2.1.ALGUNS EXEMPLOS DOS VÍRUS INFORMÁTICOS MAIS CONHECIDOS

1. ILOVEYOU: o apego fatal

Começamos com um grande clássico que remonta ao início dos anos 2000 e que já fez milhões de vítimas em todo o mundo. Embora a prática seja bem conhecida, alguns utilizadores ingénuos da Internet não hesitam em **abrir o anexo de um e-mail** enviado por um amigo, intitulado Love-Letter-for-you.txt.vbs. Mas enganaram-se redondamente! Assim que é aberto, o worm escondido no anexo **modifica os ficheiros do computador e acede ao livro de endereços** para se enviar aos contactos. Como resultado, o computador do utilizador fica consideravelmente mais lento!

2. CryptoLocker: o "ranqongware que o vai enganar

Assim que liga o seu computador para verificar os seus e-mails, aparece uma mensagem no seu ecrã com um **contador decrescente**. Ainda tem algumas horas para **pagar um resgate para recuperar o acesso** aos seus dados ou estes serão **destruídos**! O mais famoso deles, o CryptoLocker, existe desde 2013.

3. JIGSAW: tem uma hora para pagar

O vírus JIGSAW é particularmente perigoso na medida em que dá à sua vítima apenas uma hora para **pagar o resgate exigido** antes de começar a apagar ficheiros. A taxa de destruição aumenta pouco a pouco a cada hora que passa**, até que todos os discos tenham sido esvaziados** em apenas 72 horas.

4. PETYA: o vírus que encripta os seus dados

Este ransomware **visa sobretudo as empresas** e paralisa completamente o funcionamento dos computadores ou redes informáticas das suas vítimas, encriptando os seus dados e ficheiros de sistema. **A PETYA** está consciente de que este vírus pode impedir as empresas de prosseguirem as suas actividades comerciais e que os **resgates exigidos** para restabelecer a situação são frequentemente muito elevados.

5. LOCKY: o ransomware mais difundido

O vírus LOCKY visa diretamente os ficheiros com determinadas **extensões no disco rígido**, e os utilizadores franceses e alemães da Internet estão altamente expostos. Tal como os dois vírus anteriores, este tipo de *ransomware* **encripta os** ficheiros visados para impedir o acesso e elimina as cópias de segurança internas para bloquear qualquer tentativa de recuperação. Os dados são então imobilizados até que seja pago um resgate de vários milhares de euros para obter as chaves de acesso.

6. **Heartbleed: as suas palavras-passe já não são confidenciais**

Decidiu finalmente **trocar a sua palavra-passe por um código** de que tinha dificuldade em lembrar-se, mas isso não foi suficiente face ao Heartbleed. Este vírus permite aos piratas informáticos recuperar pequenos pedaços de código de servidores seguros e até **reconstituir palavras-passe completas**. Se a sua twittosfera é informada durante a noite de todas as suas últimas bebedeiras, então o Heartbleed é o culpado.

7. **Anormal: cuidado com a tua conta bancária**

O FREAK utiliza uma **falha de segurança no protocolo TLS**, o principal mecanismo de segurança das comunicações na Internet. Uma vez quebrada a encriptação, os hackers podem espiar as comunicações do PC infetado e **instalar software malicioso**. Nas mãos erradas, pode, por exemplo, ligar-se à sua conta bancária online e esvaziá-la num piscar de olhos!

8. **Stuxnet: o worm anti-nuclear**

O Stuxnet é um dos **mais perigosos worms informáticos** alguma vez descobertos. Concebido pela NSA em colaboração com a Unidade 8200 (uma unidade de inteligência da Força de Defesa de Israel) para atacar **as centrifugadoras** de enriquecimento de urânio **iranianas**. Capaz de alterar a velocidade de rotação das máquinas até à sua destruição, foi utilizado em 2010 para provocar a avaria simultânea de todas as **centrifugadoras de enriquecimento de urânio** que seriam utilizadas para criar uma bomba nuclear no Irão. Assustador!

9. **Regin: o vírus espião cibernético**

O Regin é uma verdadeira **plataforma de ciberespionagem**, alegadamente criada pela Agência de Segurança Nacional e pela sua congénere britânica, a Government Communications Headquarters (GCHQ). A sua principal função é a recolha de dados e pode **assumir o controlo total dos computadores visados**. Pode espiar conversas telefónicas, recuperar e-mails, ver ao vivo o que está a ser escrito num computador, tirar screenshots, roubar palavras-passe, etc. Ativo desde 2008, pensa-se que foi utilizado para **espiar instituições europeias** e a empresa de telecomunicações Belgacom. Empresas privadas, entidades governamentais ou institutos de investigação: é tudo para o Regin!

10. **Waledac: a principal rede de bots de spam**

Os envios maciços de spam para o viagra que todos nós já experimentámos são a causa dos *botnets.* Estes programas informáticos executam a mesma tarefa repetidamente. Com quase 1,5 milhões de mensagens enviadas todos os dias, o Waledac é sem dúvida **uma das botnets mais dolorosas** alguma vez concebidas. Depois de meses a tentar descobrir a sua origem, a Microsoft erradicou-a em 2010, mas desde então surgiram e continuam a surgir novas botnets muito mais sofisticadas. Agora, em vez de dependerem de um servidor central, os hackers usam uma **malha de redes**, com máquinas virtuais encarregadas de enviar spam.

Só um **antivírus** atualizado pode proteger o seu computador contra todos estes ataques. Só podemos aconselhá-lo a adquirir um bom antivírus, quer seja para o seu **computador**, para o **seu smartphone ou mesmo** para o **seu tablet**!

VI.3. CAUSAS E EFEITOS DOS VÍRUS INFORMÁTICOS NOS DADOS, FICHEIROS, SOFTWARE E REDES INFORMÁTICAS

A deteção de um vírus informático pode ser complicada, uma vez que os vírus tentam muitas vezes permanecer ocultos. No entanto, alguns sinais podem indicar que o seu computador está infetado e revelar o que os vírus podem fazer ao seu computador:

SINAIS DE UMA POTENCIAL INFECÇÃO POR UM VÍRUS INFORMÁTICO :

. **Desempenho mais lento:** Se o seu computador, outrora responsivo, ficar subitamente lento e as tarefas demorarem mais tempo do que o habitual, isto pode ser um sinal de que um vírus oculto está a explorar os recursos do seu sistema, reduzindo a sua velocidade e capacidade de resposta.

- **Janelas pop-up ou mensagens indesejadas:** um afluxo de janelas pop-up ou mensagens de erro persistentes que perturbam a sua experiência digital pode indicar a infiltração de malware.

. **Crashes ou bloqueios frequentes :** Se o seu computador é propenso a falhas frequentes ou bloqueios inexplicáveis, a presença de um vírus pode ser a causa, orquestrando perturbações que interrompem o seu fluxo de trabalho e prejudicam a sua produtividade.

. **Alterações no navegador:** alterações não autorizadas nas definições do seu navegador Web ou alterações inesperadas na sua página inicial indicam uma potencial interferência viral. Um vírus ou outro software malicioso pode manipular a sua atividade em linha e afetar a sua autonomia digital.

- **Ficheiros em falta ou corrompidos:** O desaparecimento súbito de ficheiros ou a descoberta de dados corrompidos pode revelar as capacidades destrutivas de um vírus. Os vírus podem apagar ou manipular ficheiros, resultando na perda de dados ou no mau funcionamento do software que prejudica o funcionamento do sistema.

. **Atividade de rede estranha:** Um aumento inesperado na utilização da Internet pode ser um sinal preocupante de que um vírus está a utilizar a sua rede para se ligar ao seu servidor de comando. A atividade desta rede clandestina realça a necessidade de uma investigação rápida e completa.

- **Software de segurança desativado:** Alguns vírus inteligentes desactivam o seu software antivírus, tornando-o impotente contra o seu ataque. Se descobrir que o seu software de segurança está misteriosamente desativado, tenha cuidado, pois o seu sistema pode estar em sério risco.
- **Utilização elevada da CPU:** Se verificar o Gestor de Tarefas do seu computador (ou o Monitor de Atividade no macOS) e vir uma utilização anormalmente elevada da CPU, isso pode significar que um vírus está a operar sub-repticiamente em segundo plano. A utilização elevada da CPU pode indicar que um vírus está a executar processos maliciosos fora da sua vista.

Se detetar algum destes sinais de aviso, é essencial que actue rapidamente para identificar e remover o vírus. Utilize o Norton AntiVirus Plus para executar uma verificação completa do sistema para identificar e remover qualquer vírus ou outro código malicioso.

VI.7.DESCARREGAR SOFTWARE ANTIVÍRUS GRATUITO DA INTERNET

A. androT de

Como posso descarregar e instalar uma aplicação antivírus gratuita para Android? É muito simples: veja como baixar um aplicativo antivírus gratuito, como o Avast Mobile Security: **Acesse a Google Play Store aqui. Descarregue a aplicação de segurança para o seu dispositivo, clicando em Instalar**.

B. PC

Para utilizar um antivírus gratuito, **é necessário ir ao sítio Web da ferramenta antivírus e antimalware da sua escolha, clicar na ligação de transferência e seguir as instruções de instalação.**

VI.7.1.OS RISCOS DO DESCARREGAMENTO DE SOFTWARE ANTIVÍRUS GRATUITO

É muito comum os utilizadores de computadores recorrerem a software **antivírus gratuito** para proteger os seus sistemas informáticos. Embora seja compreensível que essas pessoas optem por um serviço gratuito, é importante considerar as potenciais consequências negativas da utilização de software antivírus gratuito e subestimar o risco envolvido.

- A principal preocupação com a utilização de software **antivírus gratuito** é que este pode oferecer **menos proteção** do que o software antivírus pago. As versões gratuitas não cobrem tantas ameaças nem beneficiam das actualizações regulares que estão disponíveis nas versões pagas. Em alguns casos, o software antivírus gratuito pode ser menos eficaz na deteção e eliminação de certas formas de **malware**.

Por exemplo, uma solução antivírus gratuita pode não ser capaz de detetar, isolar e remover software malicioso que é conhecido por infetar sistemas informáticos e causar problemas.

- Outro risco associado à utilização de software antivírus gratuito é a sua capacidade de bloquear determinados sítios Web ou aplicações. Muitos pacotes de software antivírus pagos oferecem uma proteção mais robusta contra sítios Web maliciosos e permitem aos utilizadores controlar as suas definições para bloquear determinados tipos de conteúdos ou actividades. No entanto, algumas soluções **antivírus gratuitas** podem não ser capazes de fornecer este nível de proteção e podem mesmo bloquear sítios Web legítimos ou aplicações que são essenciais para a navegação na Web.
- Além disso, quando um **sistema é infetado** por **malware**, a solução antivírus gratuita pode não ser capaz de fornecer suporte técnico detalhado e abrangente. Neste caso, os utilizadores devem procurar serviços de terceiros para obter conselhos sobre como resolver o problema, ou contactar o suporte técnico do fabricante. No entanto, a maioria dos fabricantes apenas oferece apoio técnico limitado aos utilizadores que tenham adquirido uma versão paga do produto antivírus.

. Por fim, também vale a pena mencionar que **as soluções antivírus gratuitas** podem não oferecer a mesma **qualidade de proteção** que uma versão paga. A maior parte do software antivírus pago beneficia de tecnologia avançada que permite aos utilizadores monitorizar constantemente as suas actividades online e limpar rápida e facilmente o sistema de malware existente e potenciais ameaças.

O software **antivírus gratuito** geralmente não possui as ferramentas avançadas e o elevado nível de proteção necessário para dar ao seu sistema uma proteção óptima contra malware e outras **ameaças** em linha.

Em conclusão, é importante que os utilizadores compreendam **os riscos associados à** utilização de um produto **antivírus gratuito** em comparação com um produto pago, para que possam tomar uma decisão informada sobre a forma de proteger o seu sistema informático.

As soluções **antivírus pagas** oferecem uma proteção mais **robusta** e **abrangente** contra todos os tipos de ameaças em linha, bem como caraterísticas adicionais, como suporte técnico detalhado e abrangente, se necessário.

VI.8.INSTALAR UM SOFTWARE ANTIVÍRUS

A instalação de um antivírus não exige necessariamente que o utilizador seja um perito em informática. O software gratuito e pago disponível em 2024 foi concebido para ser intuitivo e acessível a todos os utilizadores da Internet. De facto, quer esteja a utilizar um PC, MacOS ou smartphone, demora menos de 6 minutos desde o descarregamento até à instalação de um antivírus.

Para instalar um antivírus no Windows 10, aqui estão as 5 etapas a seguir :

1. Criar uma conta (dependendo do seu software antivírus)

Alguns softwares antivírus no Windows 10 não exigem o registo durante os primeiros dias de utilização. Se for esse o caso, vá diretamente para o segundo passo em . Caso contrário, abra primeiro a sua conta, introduzindo os seus dados pessoais (morada, apelido, nome próprio, número de telefone, endereço de correio eletrónico).

2. Descarregar o antivírus

A partir do site oficial do editor, tudo o que tem de fazer é clicar no botão "Descarregar" e selecionar "Descarregar no Windows 10" a partir da lista. O ficheiro de instalação começará a ser descarregado automaticamente. Aguarde apenas alguns segundos (dependendo da sua ligação à Internet) para concluir esta segunda etapa.

3. Instalar o antivírus do Windows 10

Dependendo do software que descarregou, poderá agora encontrar um ficheiro .EXE ou .ZIP nas suas transferências do Windows 10. Em um arquivo .EXE, basta clicar nele para iniciar a instalação. Num ficheiro .ZIP, terá de clicar com o botão direito do rato e depois em "Extrair ficheiros" para iniciar o ficheiro de instalação .EXE. Durante esta fase, certifique-se de que o seu computador está ligado à corrente eléctrica.

4. Configurar o software

Ao longo do processo de instalação, o editor do antivírus pedir-lhe-á para personalizar as definições, se necessário, e para fazer escolhas. É neste momento que a sua chave de validação pode ser solicitada se estiver a pagar pelo antivírus. Não se esqueça de aceitar notificações deste software e também um lançamento sempre que o Windows 10 for iniciado. Se precisar de ajuda neste momento, a Techopedia recomenda contactar o suporte para obter assistência.

5. Analisar o seu sistema

Agora está tudo pronto para ter o seu PC com Windows 10 protegido por um antivírus de terceiros. Basta abrir a aplicação instalada a partir do seu ambiente de trabalho e executar uma verificação inicial completa do seu computador. Dependendo do software que decidiu instalar, isto pode demorar entre alguns minutos e algumas horas. Pode depois agendar verificações regulares ao longo da semana.

INSTALAR SOFTWARE ANTIVÍRUS NO WINDOWS 11

Para instalar um antivírus no Windows 11, aqui estão os 5 passos a seguir :

1. Criar uma conta (dependendo do seu software antivírus)

Da mesma forma, o software disponível no Windows 11 também pode ser testado gratuitamente e sem registo durante um período definido (geralmente 30 dias após a instalação). No entanto, algumas soluções exigem que se registe primeiro no site oficial. Siga os passos e complete as informações solicitadas antes de passar à segunda fase.

2. Descarregar o antivírus

Tendo o cuidado de verificar que está num site fiável do Windows 11 e que não está num site malicioso (através de uma ligação segura da Techopedia), tem agora de clicar no separador "Download" e depois selecionar o ficheiro adequado para o Windows 11. O ficheiro de instalação será automaticamente transferido para o seu computador.

3. Instalar o antivírus do Windows 11

Quando o download estiver concluído, tudo o que tem de fazer é executar o programa de instalação do antivírus. A Techopedia recomenda que utilize o atalho Ctrl + J para abrir a janela de transferência no Windows 11 e, em seguida, faça duplo clique no ficheiro previamente transferido. O software será iniciado instantaneamente no seu PC.

4. Configurar o software

Tudo o que tem de fazer é seguir as instruções que aparecem no ecrã do seu computador. O software antivírus normalmente pergunta-lhe sobre os seus hábitos no Windows 11 e as diferentes configurações que pretende utilizar para se proteger. Se tiver uma subscrição paga, pode introduzir o código de ativação nesta fase da instalação.

5. Executar uma verificação inicial

O seu antivírus aparece agora no Centro de Boas-vindas do Windows 11 e pode ser iniciado como qualquer outra aplicação. Clique nele e execute a sua primeira verificação completa do sistema para começar bem com o seu novo antivírus. Este irá detetar, imobilizar e aniquilar ficheiros maliciosos e de grandes dimensões que podem tornar o seu PC mais lento.

V I.9. INTELIGÊNCIA ARTIFICIAL

A inteligência artificial (IA) é um processo de imitação da inteligência humana, baseado na criação e aplicação de algoritmos executados num ambiente informático dinâmico. O seu objetivo é permitir que os computadores pensem e ajam como os seres humanos.

VI.9.1. APRENDIZAGEM ARTIFICIAL/AUTOMÁTICA OU AUTOMÁTICA

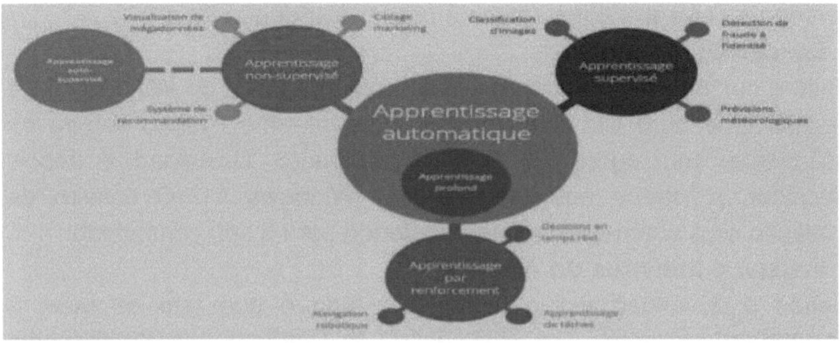

A aprendizagem automática é uma técnica que envolve o treino de um computador para identificar padrões, fazer previsões e aprender com experiências passadas sem programação explícita.

V I.9.1.1.DIFERENÇA ENTRE APRENDIZAGEM AUTOMÁTICA E INTELIGÊNCIA ARTIFICIAL

A Aprendizagem Automática (ou AA) é uma subcategoria da Inteligência Artificial (IA) que utiliza algoritmos para identificar padrões e fazer previsões num conjunto de dados. Estes dados podem ser números, texto ou mesmo imagens. Em condições ideais, a aprendizagem automática permite que os seres humanos interpretem os dados de forma mais rápida e exacta do que eles próprios seriam capazes de fazer.

V I.9.1.2.COMO FUNCIONA A APRENDIZAGEM AUTOMÁTICA

A inteligência artificial é uma forma de inteligência virtual que se assemelha à de um ser humano, criada por humanos numa máquina. Na aprendizagem automática, as máquinas são programadas para reproduzir funções cognitivas específicas que são naturais aos seres humanos, como a perceção, a aprendizagem e a resolução de problemas.

Para que uma máquina possa pensar como um humano, precisa de ser treinada para criar o seu próprio modelo de previsão. Este modelo permite que a máquina analise os dados para se tornar uma máquina "capaz de aprender". Para iniciar este processo, é necessário fornecer dados ao computador e escolher um modelo de aprendizagem para dizer à máquina como processar os dados.

Um modelo de aprendizagem automática pode utilizar dados para realizar três acções:

- descrever um acontecimento ;
- previsão de um acontecimento ;

. fazer sugestões para acções futuras.

O modelo de aprendizagem escolhido para treinar a máquina depende da complexidade da tarefa e do resultado pretendido. Existem três tipos de aprendizagem automática :

Aprendizagem supervisionada: estes modelos são treinados utilizando conjuntos de dados rotulados. São utilizados para tarefas como o reconhecimento de imagens. **Aprendizagem não supervisionada**: estes modelos analisam dados não rotulados para identificar semelhanças, padrões e tendências. São utilizados em tarefas como a segmentação de clientes, sistemas de recomendação e extração de dados em geral.

Aprendizagem reforçada: estes modelos são treinados através de um processo de tentativa e erro no âmbito de um sistema de recompensa estabelecido. São utilizados, por exemplo, para treinar um computador a jogar um jogo em que as acções conduzem à vitória ou à derrota.

Depois de o computador ter compreendido como deve interpretar os dados (graças ao modelo de aprendizagem e aos dados de treino), é capaz de fazer previsões e executar tarefas quando lhe são apresentados novos dados. As suas previsões tornam-se mais exactas à medida que aprende com fluxos contínuos de dados e torna-se capaz de executar tarefas com maior rapidez e precisão do que um ser humano.

VI.9.1.3.DOMÍNIOS DE APLICAÇÃO

As tecnologias de aprendizagem automática e de inteligência artificial podem ser utilizadas para melhorar a experiência do utilizador, antecipar o comportamento do cliente e monitorizar sistemas para detetar fraudes. Podem também ajudar os prestadores de cuidados de saúde a detetar doenças potencialmente fatais. A aprendizagem automática faz parte da nossa vida quotidiana:

- nos algoritmos de recomendação utilizados pelos serviços de streaming;
- em centrais telefónicas automáticas e chatbots ;
- na publicidade direcionada ;
- nas cotações automáticas emitidas pelas instituições financeiras.

A IA generativa, na qual se baseiam atualmente muitas ferramentas de IA, existe graças à aprendizagem profunda, uma técnica de aprendizagem automática utilizada para analisar e interpretar grandes quantidades de dados. Os modelos de linguagem de grande dimensão (LLM) são um subconjunto da IA generativa. Trata-se de uma aplicação crucial da aprendizagem automática que demonstra a capacidade de compreender e gerar linguagem humana a uma escala sem precedentes.

A aprendizagem automática está a tornar-se uma caraterística obrigatória para muitas empresas e as aplicações de IA/AA estão atualmente a transformar os sectores da saúde, dos serviços financeiros, das telecomunicações, dos serviços públicos e muitos outros.

VI.9.2. GRANDES DADOS E NOSQL

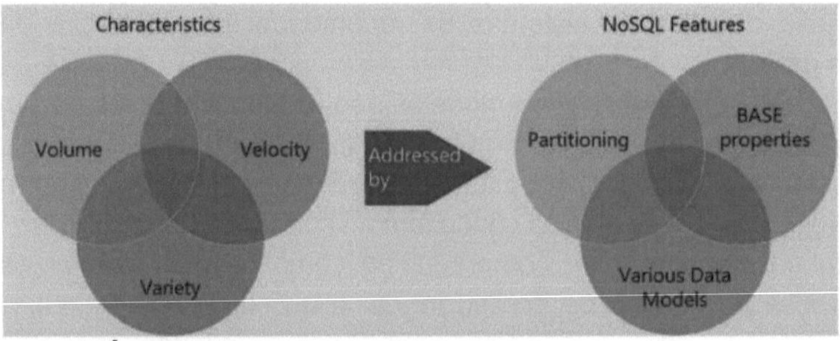

O QUE É UMA BASE DE DADOS NOSQL?

Existem duas formas principais de armazenar dados. SQL (Structured Query Language) e NoSQL (*Not only SQL*). A SQL é uma linguagem informática utilizada para organizar os dados de acordo com um esquema e uma ordem precisos. Permite encontrar e organizar os dados de forma bastante rápida. O NoSQL, como o seu nome indica, permite armazenar os dados sem um esquema preciso, de forma aleatória e mais flexível. Diz-se que o NoSQL é "não relacional". É melhor utilizado para grandes bases de dados (os famosos Big Data). Para simplificar, pense no SQL como uma biblioteca de livros altamente organizados. Os livros estão todos organizados sem deixar qualquer margem para o acaso (ordem alfabética, por autor, por tema, etc.). Esta biblioteca também tem membros que podem alugar livros. Dependendo da sua idade, por exemplo, não terão acesso à secção de adultos da biblioteca. Além disso, um livro não pode ser alugado ao mesmo tempo por dois membros, e assim por diante. Isto implica uma série de restrições em termos de armazenamento e aluguer de livros, que desaparecerão com o NoSQL.

De facto, esta linguagem muito mais recente funciona sem quaisquer restrições de armazenamento. Na minha biblioteca NoSQL, posso organizar diretamente um livro sem me preocupar em colocá-lo na prateleira certa, indicar um tema ou atribuir-lhe um autor. Por outras palavras, posso atirá-lo para uma pilha de livros sem ter de me preocupar em distingui-los uns dos outros, exceto pelo seu título (a chave de distribuição*). Se um membro da biblioteca alugar um livro, coloco um post-it no livro indicando que está a ser alugado e por quem.

O PROBLEMA DO NOSQL PARA A ANÁLISE DE DADOS

Antes de mais, há uma diferença entre armazenar dados e analisar dados. No que respeita ao armazenamento, a utilidade do NoSQL não é posta em causa. De facto, é muito mais rápido armazenar um livro atirando-o para uma pilha (NoSQL) do que procurar a prateleira certa, indicando depois o tema, o autor, o número de páginas, etc. (SQL). Além disso, a desnormalização* no nosso exemplo consiste em separar fisicamente a nossa pilha única de livros em várias pilhas mais pequenas de livros. De facto, é muito mais rápido organizar os livros em várias pilhas de livros mais pequenas com uma pessoa responsável por cada pilha (NoSQL) do que uma pessoa responsável por toda a biblioteca e por todos os livros (SQL).

Mas quando se pretende analisar todos os dados, juntá-los e tirar conclusões, é aí que as coisas se complicam.

Se todos os meses tiver de fazer um inventário da sua biblioteca, ou efetuar um estudo dos alugueres por tema ou por membro, depressa se aperceberá de que o tipo de biblioteca é muito importante!

No caso de uma biblioteca SQL, o inventário é muito rápido. Os livros já estão ordenados por assunto e por ordem alfabética. Mesmo antes de iniciar a análise, já dispõe de uma grande quantidade de informação. Por exemplo, a estante de desporto contém 70 livros, 22 dos quais foram alugados.

No caso de uma biblioteca NoSQL, corre-se o risco de arrancar os cabelos durante o inventário. Temos uma pilha de livros, pelo que a única forma de efetuar o inventário é analisar cada livro, ler e analisar todos os post-it possíveis que foram adicionados previamente.

Esta diferença de tempo, numa escala informática, é proporcionalmente a mesma. Quando a sua biblioteca contém milhares de milhões de livros e tem de fazer um inventário todos os dias, ou mesmo todas as horas, a diferença de tempo e, por conseguinte, de custo, não será de todo negligenciável.

VI.9.2.1.DEFINIÇÃO DE TERMOS

A SQL e o NoSQL já foram explicados em pormenor no artigo, mas o primeiro artigo ainda contém algumas palavras técnicas.

Chave de distribuição: garante que os dados são distribuídos pelas diferentes máquinas (no nosso exemplo, os livros) Desnormalização:

garante que cada linha da base de dados contém todos os dados.

VI.9.3. OBJECTOS LIGADOS E IA

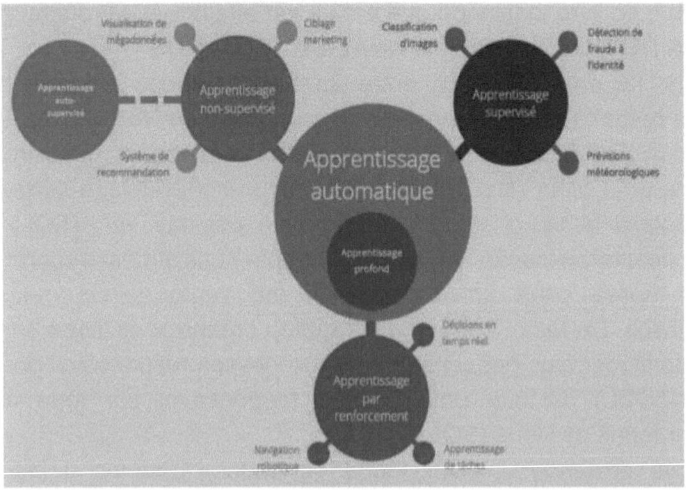

Desde os anos 90, os objectos conectados tornaram-se uma parte cada vez mais comum da nossa vida quotidiana.

Desde o desenvolvimento das suas infra-estruturas técnicas, conhecidas como "Internet das Coisas", até às da "Internet de Tudo Conectado", as tecnologias convergem agora com a inteligência artificial e o Big Data para uma "Internet do Comportamento", onde o desafio é agora a análise comportamental. O número de objectos conectados vendidos poderá aumentar de 50 mil milhões para 200 mil milhões até 2025. Estes novos dispositivos, que podem captar, analisar e apresentar dados em tempo real, estão a tornar-se rapidamente parte de todos os aspectos da vida quotidiana.

VI.9.3.1.OBJECTOS LIGADOS

Os objectos conectados são objectos do quotidiano acessíveis a todos, que podem ser controlados remotamente através de uma aplicação e aos quais é acrescentada uma ligação à Internet, tornando-os "conectados".

É por isso que fazemos a distinção entre um objeto ligado e uma interface de acesso à Web, embora esta última possa assumir a forma de um objeto do quotidiano.

FUNCIONAMENTO

Os objectos conectados estão ligados à Internet: podem, por conseguinte, comunicar com outros sistemas para obter ou fornecer

informações, como a comercialização de dados, o que é possível graças à miniaturização significativa dos componentes electrónicos, mas também à emergência de novas redes de telecomunicações (ver infra).
Os objectos conectados serão capazes de :

+- recolher e armazenar dados com base no seu ambiente: o ritmo cardíaco do utilizador, a humidade numa cave, etc.

+ processam dados e informações recolhidos na Web e no ambiente do objeto, desencadeando depois acções em conformidade, como regar um relvado na véspera de um dia muito seco;

+- É o caso, por exemplo, dos óculos conectados concebidos para deficientes visuais ou cegos, que utilizam câmaras e sistemas de reconhecimento facial que analisam o ambiente circundante para alertar os utilizadores para o que os rodeia. Esta informação, traduzida em som ou fala, orienta o utilizador no seu percurso, identificando as pessoas que o rodeiam (se estas já estiverem registadas no software dos óculos).

VI.10. ALGORITMOS DE PESQUISA IA

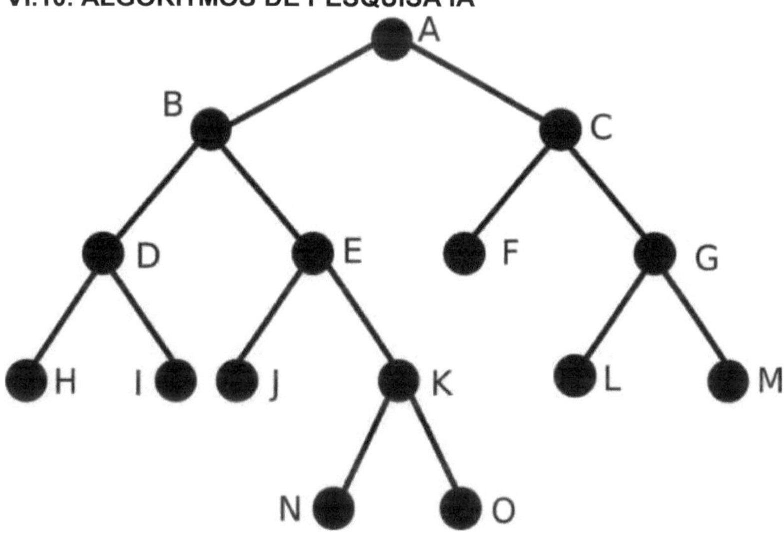

Os algoritmos de pesquisa alimentados por IA utilizam a aprendizagem automática para compreender a intenção do utilizador e apresentar resultados relevantes. Analisam uma variedade de factores, incluindo o conteúdo do sítio Web (texto, imagens, vídeos, ligações), a estrutura do sítio (navegação, hierarquia de páginas) e o comportamento do utilizador (cliques, tempo de permanência, taxa de rejeição). Estes algoritmos evoluem ao longo do tempo, tornando-se mais sofisticados.

VI.10.1.EXEMPLOS DE ALGORITMOS DE PESQUISA DE IA

Alguns exemplos de algoritmos de pesquisa alimentados por IA incluem:

. **O RankBrain** do Google, que utiliza a aprendizagem automática para compreender as consultas dos utilizadores e apresentar resultados relevantes, processa cerca de 15% das consultas do Google.

. **BERT**, também da Google, que melhora a compreensão da linguagem natural para que as consultas dos utilizadores e os resultados da pesquisa sejam mais precisos.

- **A Classificação de passagens**, outro algoritmo do Google, identifica as passagens mais relevantes num documento para melhorar a qualidade dos resultados de pesquisa, especialmente para consultas complexas.

V I.10.2.TENDÊNCIAS EMERGENTES NOS ALGORITMOS DE PESQUISA DA IA

Duas tendências emergentes estão a influenciar os algoritmos de pesquisa da IA:

. **Pesquisa por voz**: cada vez mais popular graças a assistentes de voz como a Siri, a Alexa e o Google Assistant, a pesquisa por voz é compreendida pelos motores de pesquisa com IA graças à aprendizagem automática.

. **Pesquisa visual**: esta tendência permite que os utilizadores pesquisem informações a partir de imagens, com a IA a analisar essas imagens para fornecer resultados relevantes.

V I.10.3.A IMPORTÂNCIA DA ADAPTAÇÃO À MUDANÇA

As estratégias tradicionais de SEO, como o preenchimento de palavras-chave e a criação artificial de ligações, já não são eficazes. Os algoritmos de pesquisa de IA tornaram-se muito mais sofisticados na deteção destas práticas. Os especialistas em SEO têm de se adaptar aos algoritmos de pesquisa da IA para manter ou melhorar a visibilidade dos seus sítios Web.

V I.10.4.MELHORES PRÁTICAS DE ADAPTAÇÃO AOS ALGORITMOS DA IA

Para se adaptar aos algoritmos de pesquisa de IA, eis algumas práticas recomendadas:

- **Explorar as oportunidades oferecidas pela IA**: Utilizar a IA como uma ferramenta para melhorar a SEO, analisando dados, optimizando conteúdos, gerando palavras-chave, monitorizando a concorrência, etc. A integração da IA no sítio, como os chatbots, os assistentes de voz e as recomendações personalizadas, também pode enriquecer a interação com o utilizador.

. **Criar conteúdos de qualidade**: os conteúdos continuam a ser o fator mais importante para a SEO. Os motores de busca da IA favorecem conteúdos informativos, bem estruturados e cativantes, fornecendo aos utilizadores informações relevantes, úteis e originais.

- **Utilize palavras-chave de cauda longa**: As palavras-chave específicas e menos competitivas são mais fáceis de classificar e podem gerar tráfego mais qualificado.
- **Otimização para a pesquisa por voz**: os motores de pesquisa com IA são cada vez mais capazes de compreender as consultas por voz, exigindo que os conteúdos sejam optimizados utilizando linguagem natural e frases simples.
- **Respeitar as intenções de pesquisa**: Criar conteúdos que respondam especificamente a diferentes intenções de pesquisa, seja para informar, comprar ou encontrar serviços locais.
- **Otimização para dispositivos móveis**: Com a maioria do tráfego proveniente de dispositivos móveis, a otimização para uma experiência móvel sem problemas é crucial.
- **I.10.5. DESAFIOS E OPORTUNIDADES PARA OS ESPECIALISTAS EM OPTIMIZAÇÃO DOS MOTORES DE BUSCA**

O aumento dos algoritmos de pesquisa com IA apresenta desafios e oportunidades para os especialistas em SEO.

Desafio:

- Os algoritmos de pesquisa da IA estão a tornar-se cada vez mais sofisticados e difíceis de manipular.
- Os especialistas em SEO têm de se adaptar à constante revolução nos algoritmos de pesquisa da IA.
- Criar conteúdo relevante e de alta qualidade é mais crucial do que nunca.

Oportunidades :

- Os algoritmos de pesquisa com IA fornecem resultados de pesquisa mais relevantes aos utilizadores.
- Os especialistas em SEO podem utilizar estes algoritmos para compreender melhor as intenções dos utilizadores e criar conteúdos mais eficazes.
- Os algoritmos de pesquisa com IA estão a abrir novas oportunidades, incluindo a otimização da pesquisa por voz e visual.

Conclusão

Os algoritmos de pesquisa alimentados por IA representam um desafio e uma oportunidade para os profissionais da Web. Para manter a visibilidade dos seus sítios Web e permanecerem competitivos, os especialistas em SEO devem adaptar-se a estes algoritmos, compreendendo o seu funcionamento e adoptando as melhores práticas. Ao mesmo tempo que acompanham a evolução do sector, a qualidade dos conteúdos e a experiência do utilizador continuam a estar no centro desta adaptação.

V I.10.6. ALGORITMO DE PESQUISA

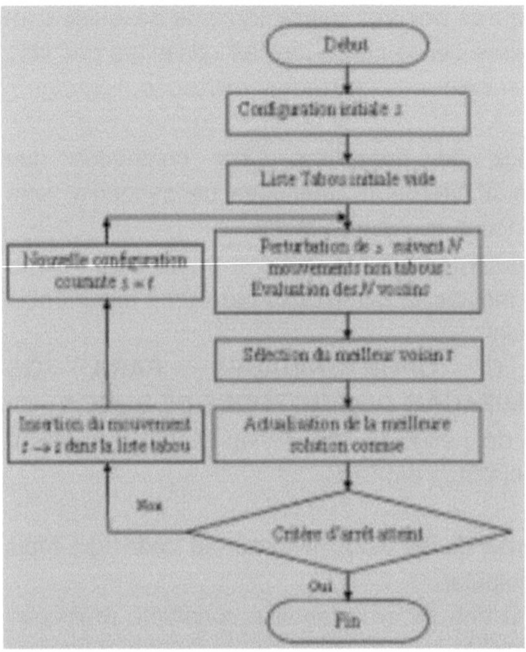

Em informática, um algoritmo **de pesquisa** é um tipo de algoritmo que, para um determinado domínio, problema e critério, devolve um conjunto de soluções para o problema.

Suponhamos que o conjunto de entradas é divisível em subconjuntos, de acordo com um determinado critério, que pode ser, por exemplo, uma relação de ordem. Em geral, um algoritmo deste tipo verifica um certo número destas entradas e devolve como saída uma ou mais das entradas visadas.

O conjunto de todas as soluções potenciais no domínio é designado por *espaço de pesquisa*.

V I.10.6.1.ALGORITMOS DE PESQUISA CLÁSSICOS

Para estruturas de dados comuns, como listas, tabelas ou árvores,

existem algoritmos *bem conhecidos* que podem ser facilmente implementados da mesma forma que uma receita. Estes algoritmos exploram as propriedades da estrutura de dados e do domínio.
Um exemplo clássico é a pesquisa dicotómica, em que o espaço de pesquisa é dividido em dois em cada tentativa, dando uma complexidade logarítmica (o que é muito vantajoso).

V I.10.6.2.COMPLEXIDADE

Estes algoritmos estão no centro de questões importantes no domínio da complexidade algorítmica. São também muito importantes devido ao seu vasto leque de aplicações.

Encontrar soluções para problemas complexos

Para problemas complexos, encontrar soluções é uma questão de inteligência artificial.

- Diz-se que um algoritmo é uma pesquisa de força bruta quando todas as entradas são verificadas uma a uma. Este tipo de pesquisa pode ser eficaz se o espaço de soluções tiver uma dimensão razoável em relação à potência da máquina utilizada para o percorrer. É, portanto, um método a tentar como último recurso, se não houver outra possibilidade.
- A pesquisa heurística é utilizada quando conhecimentos ou propriedades adicionais tornam a pesquisa mais eficiente. Por exemplo, a utilização de simetrias geométricas para resolver um puzzle pode reduzir significativamente o *espaço de pesquisa*. Da mesma forma, a pesquisa de um caminho pode ser facilitada pelo conhecimento, ainda que aproximado, da direção em que se encontra o objetivo ou da sua distância.

Exemplos

. Algoritmo de pesquisa de subcadeias
. Algoritmo de determinação do caminho

VI.10.7. ALGORITMO MINIMAX E ALFA-BETA

Um *jogo para dois jogadores* é classicamente definido como uma árvore cujos nós são *posições* (a raiz é chamada a "posição inicial do jogo"). Cada nó é um nó "jogador" (ou seja, é a vez do jogador fazer uma jogada) ou um nó "adversário", e os jogadores alternam-se, de modo que um nó jogador tem como filhos uma lista de nós adversários, obtida a partir das diferentes jogadas disponíveis (simetricamente para o adversário). Se um nó não tiver filhos, é um nó terminal e, neste caso, é-lhe associado um *valor* através de uma função *h*: *nodeterminal* -> **R** U {±infinito;} que indica se o jogador ganhou ou perdeu. Normalmente, se estivermos apenas interessados em jogos como o xadrez, teremos

+infinito para os ganhos, -infinito para as perdas e 0 para as outras posições (empates e outros empates), mas há jogos com estruturas de avaliação mais complexas, por exemplo, jogos em que se aposta dinheiro.

De certa forma, esta árvore contém todos os jogos possíveis que podem ser jogados a partir da posição inicial. Se pudermos explorar toda a árvore, podemos determinar se existe uma estratégia vencedora para o jogador. Se a árvore for demasiado grande (ou se forem impostos limites de tempo), normalmente exploramos apenas a sub-árvore obtida truncando a árvore do jogo a uma determinada profundidade e avaliando os nós truncados utilizando uma heurística *h'*.

Em ambos os casos, não é razoável assumir que a árvore do jogo é dada extensivamente, e preferimos apresentá-la implicitamente através de "regras do jogo" que nos dizem como obter a lista de filhos de uma dada posição.

1. A VISITA MINIMAX

O algoritmo *MiniMax*, de Von Neumann, é muito simples: visitamos a árvore do jogo para obter um valor na raiz (chamado "valor do jogo") que é calculado recursivamente da seguinte forma:

. *MiniMax*(*p*)=*h*(*p*) se *p* for uma posição terminal

. *MiniMax*(*p*)=max(*MiniMax*(*o* 1), ..., *MiniMax*(o_n)) se *p* é uma posição de jogador com filhos o1, ..., *então*

. *MiniMax*(*p*)=min(*MiniMax*(*j* 1), ..., *MiniMax*(j_m)) se *p* for uma posição oposta com filhos j1, ..., *jm*

Podemos verificar que *MiniMax*(*p*) é o melhor valor possível da posição *p*, se o adversário jogar de forma óptima. Claramente, para aplicar o algoritmo MiniMax, tudo o que precisa é de

. um tipo de dados de *posição* que representa os estados possíveis do jogo (e uma posição inicial);

. uma função *h* : *posição* -> **R** U {±infinito} para avaliar posições terminais;

. uma função *estjoueur* : *posição* -> *{sim, não}* que é utilizada para determinar se uma posição é uma posição de jogador ou de adversário;

. uma função *acessível* que recebe uma posição *p* e devolve a lista de posições acessíveis pelos movimentos disponíveis a partir de *p*.

Isto dá-nos a nossa interface C:

/* posições /*

/*

struct posição {

```
. . . /* Isto depende do jogo
.   e não deve ser utilizado para visitas a árvores */
};*/
typedef struct posição *posição;
/* uma lista de posições */
typedef struct {
número int;
posição *tabela;
/* Utilizamos uma matriz, cujo número de elementos é superior */
/* As jogadas a efetuar são representadas pela sua posição na tabela.
*/
} posliste;
/* finalmente, as funções próprias do jogo */
double h(posição p);
int isplayer(posição p);
acessível poslist(posição p);
*/ void libere(posliste pl);
```

2. A DIGRESSÃO ALFA-BETA

O algoritmo alfa-beta é uma otimização do MiniMax, que "corta" as subárvores assim que o seu valor se torna desinteressante para efeitos de cálculo do valor MiniMax do jogo. Assim, em cada nó, para além do valor, vamos ver duas outras quantidades, chamadas alfa e beta, que serão usadas para calcular o valor do nó.

ALFA DE UM NÓ

É uma aproximação a partir de baixo do valor real do nó. É igual ao valor nas folhas e é inicializado para -infinito noutros locais. Depois, nos nós jogadores, é mantido igual ao maior valor obtido nos filhos visitados até ao momento, e é igual ao valor alfa do seu antecessor nos nós opostos.

BETA DE UM N&UD

É uma aproximação a partir de cima do valor real do nó. É igual ao valor nas folhas, e é inicializado para +infinito noutros locais. Depois, nos nós opostos, é mantido igual ao menor valor obtido nas linhas visitadas até ao momento, e é igual ao valor beta do seu antecessor nos nós jogadores.

O algoritmo ALPHA-BETA pode ser descrito pelo seguinte pseudo-código: função ALPHA-BETA(P, A, B) /* aqui A é sempre inferior a B */
se P é uma folha então
devolve o valor de P caso contrário
inicializar Alfa de P a -infinito e Beta de P a +infinito

```
se P é um nó Mínimo então
para todos os filhos Pi de P do
Val = ALPHA-BETA(Pi, A, Min(B,Beta de P))
Beta de P = Mínimo(Beta de P, Val)
Se A >= Beta de P /*este é o limiar alfa */
devolve Beta de P finfaire
devolver Beta de P
ou
para todos os filhos Pi de P do
Val = ALPHA-BETA(Pi, Max(A,Alpha de P), B)
Alfa de P = Max(Alfa de P, Val)
Se Alfa de P >= B /*este é o ponto de corte beta */
então devolver Alfa de P
finfaire
devolver Alfa de P
```

Sabemos que o verdadeiro valor MiniMax *v* de um nó é enquadrado por alfa e beta (i.e. alfa <= *v* <= beta), e se chamarmos a função ALPHA-BETA com os valores (*P*,-infini,+infini) obtemos exatamente MiniMax(P). ALPHA-BETA duplica frequentemente a profundidade de exploração de uma árvore de paridade de recursos, em comparação com MiniMax.

PROGRAMAÇÃO MÚLTIPLA

Se tiver de gerir um projeto bastante grande, é essencial poder dividi-lo em subprojectos com interfaces claramente especificadas, para que os vários componentes possam ser desenvolvidos em paralelo, garantindo a coerência do resultado final.

VI.10.8. PONTOS FORTES E FRACOS DO ALGORITMO DE PESQUISA ALPHABETA

A vantagem do algoritmo Alfa-beta reside no facto de eliminar da pesquisa todas as sub-árvores que podem ser vistas diretamente como não contribuindo para o valor final, e como uma fraqueza que carece de estratégia.

BIBLIOGRAFIA

- **As obras**
- Guia de apoio ao Programa Educativo do Domínio de Aprendizagem das Ciências, edição de 2021.
- Guillaume PLOUIN, *Cloud computing. Securite, gouvernance du SI hybride et panorama du marché,* 4e edition, Dunod, Paris, 2016.
- Jacques LONCHAMP, introduction aux systemes informatiques, Paris, Dunod, 2017.
- Claude Servin, *Reseaux et Telecoms, Cours et exercices corriges*, Paris, Dunod, 2003.
- Guy Pujolle, *Iniciação aos estudos*, cursos e exercícios, Paris, Eyrolles, 2001.
- **Os sítios Web :**
- https://mspoweruser.com
- https://www.inmac-wstore.com
- https://aws.amazon.com
- https://www.phpeasydata.com
- https://www.codyx.org
- https://commentouvrir.com
- https://web.maths.unsw.edu.au
- http://www.saveho.com,

MIX
Papier aus verantwortungsvollen Quellen
Paper from responsible sources
FSC® C105338

Printed by Books on Demand GmbH, Norderstedt / Germany